二十一世紀「文明論」の新機略

——縦横に——

公益財団法人日独文化研究所［編］

現代思潮新社

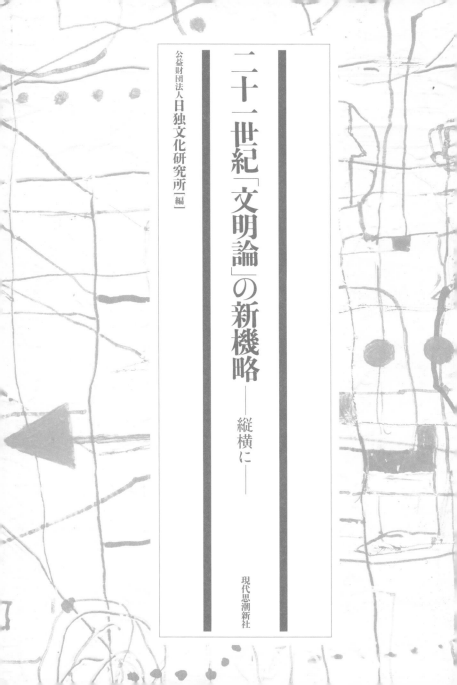

二十一世紀「文明論」の新機略

――縦横に――

序に替えて

公益財団法人日独文化研究所所長　大橋良介

一　日独文化研究所「公開講座」の歴史

日独文化研究所では一九九一年に第一回「公開講座」を開き、爾来三十余年となる。今回までに設定してきた平均四年というスパンでの「連続テーマ」を、まず挙げておこう。「自然」「生命」「歴史」「時間」「生と死」「ことば」、そして二〇一七年から始まった「文明」である。このあと、現在は二〇二三年からの新たな連続テーマ「世界」が発足している。本書は上記「文明」シリーズの成果をまとめたもので、やはり四回の（ただしコロナによる中断時期を挟む六年間の）公開シンポジウムの講演記録である。本研究所は年報『文明と哲学』を刊行しているから、本書はこの年報テーマを、ひいては本研究所の看板テーマを、錚々たる論者たちによって集約的に論じてもらう企画でもあった。

八本の講演稿を収録するにあたって、これらを機械的に年代順に並べるのではなくて、全体をひとつの構想として再配列した。（ただし、それぞれの講演稿のあとに、講演の年月を記載した。）その全体構想とは、本書の表題、すなわち「二十一世紀「文明論」の機略——縦横に——」である。この表題は、最終回（二〇二二年）のシンポジウムの組織責任者だった本研究所理事・安部浩の提示による総枠テーマ「文明論之機略縦横《ぶんめいろんのきりゃくじゅうおう》」の、ヴァリエーションでもある。

二　文明論のいくつかの道標

「文明論」というテーマの歴史について述べておくなら、文明概念が成立した近世以来、「文明」は「文化」との比較を含む仕方で幾多の著名な論者たちによって論じられてきた。当然ながらそこでは、この概念をめぐる時代の一般的理解の変遷も映し出される。十八世紀のカントは、彼のエッセイ「一般的歴史に向けての理念」や「実践的観点における人間学」などで、「文化」（Cultur）を、芸術や学問によって人を涵養する（cultiviert）営みと考えた（カントが用いた表記を採用）。「文明」（Civilization）はこの文化を可能とする「市民」（Civil）の体制とみなしたことになる。文明は文化を支えるものという関係とされている。しかし十九世紀のニーチェになると、彼の『遺稿断片』（一八八七—一八八九年）などに断片的に見られるように、「文化」と「文明」は鋭く対比させられるようになる。ニーチェの眼には、「文明」は人間を動物のように馴らすこと（Thierzähmung）を欲し強制する、デカダンスに導くものと映った。「文明」は人間の福祉に益するという一面をもつが、同時にどこか人間性を蝕む一面を持つという現象を、ないし彼の言う「ニヒリズム」を胚胎する現象を、彼は鋭い観察眼で捉えていた。二十世紀になると、文明論は一挙に歴史学、人類学、政治学、宗教学、フィールドワーク、等々の学問領域として展開され始める。いま、その代表的な道標だけを挙げるなら、著名という尺度からはアーノルド・トインビーの『歴史の研究』（一九三四—一九七二年）を挙げなければならないだろう。そこでの鍵語が「文明」だったからだ。彼は世界の古今の文明の始源と成長と衰弱と崩壊とを、十二巻にわたって論じた。しかしトインビーのアジア文明理解を根本的に訂正するかたちで、梅棹忠夫の『文明の生態史観』が一九五七年から展開され始めた。ユーラシア大陸の西端である「ヨーロッパ文明」と東端である「日本文明」とを、生態論的に並行関係にあるものとして考察し、日本を単にアジアの一部とするそれまでの通念を覆す画期的な見方を、提示した。

梅棹の「生態」という視点そのものは、一九一八年に出たオスヴァルト・シュペングラーのベストセラー『西洋の没落』（一九一八―一九二二年）を、先行形態とすると見做す人もいるかもしれない。シュペングラーの著は、西洋の歴史が春夏秋冬の植物生態のように成長・開花した後に没落するという生物現象のアナロジーを、根本直観とするものだった。しかしシュペングラーの膨大な知識量は評価に値するとしても、その根本洞察自体は学問的に粗放の感を禁じ得ないものだった。「歴史」というものを「生物主義」で尽くせるのかどうかという基本的な疑問を、残すからだ。歴史は生物を含み、生物はそれぞれの歴史をもつとしても、歴史には生物現象に還元できない独自の次元があるだろう。ハイデッガーがその趣旨の批評をしているが、筆者も同感を抱く。それに対して梅棹の場合は、フィールドワーク経験も手伝って、事実経過を実証的に考察する視座をベースにした洞察だった。その梅棹から多くを批判的に吸収しながらも別の文明論を展開したのが、本書の執筆者の一人である川勝平太の『文明の海洋史観』（一九九七年）だった。「陸」ではなくて「海」をさらに基本的と見る視点の提示は、文明論における第二の画期をなすものだった。この「海」の視点に含まれる「経済」の面を特化するかたちで、稲賀繁美が「海賊史観」を提唱したことも、付記しておこう。（稲賀繁美編著

『海賊史観からみた世界史の再構築——交易と情報流通の現在を問い直す』思文閣、二〇一七年)。「海賊」の歴史が世界的経済のネットワークの歴史に寄与していたという、意外な視点の提示だったが、川勝の「海」の視点を個別化するものだとも言える。

サミュエル・P・ハンチントンの『文明の衝突』(一九九六年)が出て、話題となった。彼はカントの見方を逆転させて(それを特に意図したわけではないようだが)、文明を文化の醸成の基盤と見るのではなくて、逆に文化の類型をもとにして文明の類型を考えた。だから日本文化に着目して、彼の言う八種の文明類型の一つに「日本文明」を挙げた。日本人の自尊心をくすぐる面があるが、ただし、果たして「文化」パターンが「文明」の根本類型として存立するものなのかという根本洞察に関してはシュペングラーの場合と同様、疑問符がつく。実際、現代では物流その他の世界的規模での交流が文化の根底にあると見ざるを得ないから、文化と文明の分水嶺は流動的である。たとえば巨大な娯楽産業は、伝統的な文化と現代の技術とを融合させた、首が文化で脚が文明のモンスターだ。文明と文化という対比はカントやニーチェの時代には成立し得た古典的な視座だから、現代にそのまま適用するのは、やや知的怠惰という感を伴なう。

三—一　第一論文「文明は見えない世界がつくる」(松井孝典)

さて、本書は二十一世紀における文明論の一つの新視座を提供するものである。といっても、特定の一つの視座(単数)ではなくて、八つの角度を総合した複合的な視座である。本書の表題を「二十一世紀「文明論」の機略——縦横に——」とした所以である。「縦」を時間軸とするなら、その軸は単に地球上の古代だけでなく、宇宙論的な視座での古代に遡る。それが単なる誇大な夢想でなくて、現実の地球文明の形成に深く関わる視座だということを、第一論文「文明は見えない世界がつくる」で、松井孝典が縦横に提示する。

松井は本・公開シンポジウム第十一回（二〇〇〇年、連続テーマ「歴史」の第一回）でも登場し、「歴史のはじめ――生命論的・宇宙論的立場から」というテーマでの講演で、「自然という古文書」を語った。その時も、日本の宇宙科学政策をリードする松井であればこそ可能となる、宇宙の涯をも視座に納めた歴史論を語った。松井は「地球学」という構想を提案した人でもある。このテーマをめぐってのフォーラムが形成され、一九九六年から二〇一七年まで一三〇回にわたるディスカッションが重ねられた。本書の執筆者である川勝平太、横山俊夫、そして本研究所の名誉顧問で公開シンポジウムのレギュラー・コメンテーターである山極壽一などが、その中核メンバーだった。狭義の人文系の参加者は、後方に坐る筆者を含めてごくわずかだったが、筆者としてはそこで抱懐した「地球学的人文学」を、本研究所の共同研究をまとめた『共生――そのエトス・パトス・ロゴス』（こぶし書房、二〇二〇年）でのキーワードとさせていただいた。このように本研究所の研究活動にも大事な足跡を残した松井であったが、痛恨ながら昨年、急逝して無窮世界に旅立ってしまわれた。本書はその意味で、松井への追悼の意味も含むこととなる。

三―二　第二論文「ヒトは生態系の破壊者か創造者か」（湯本貴和）

第二論文の執筆者、湯本貴和は、元・京都大学霊長類研究所所長で、講演の背景には原生林の森林でのフィールドワークがある。興味の尽きない「アマゾンの話」や中国大陸および日本の森林の話が、「文明」の話とどう結びつくのか、否、実際にどう結びついてきたのか、そして現代日本がどういう視点を提供し得る立場にあるか等々を、縦横に論じる内容となっている。湯本が所長をつとめた霊長類研究所で、湯本の先輩にして指導者だったゴリラ研究の山極壽一は、右に述べたように本研究所の名誉顧問として、この公開シンポジウムでのレギュラー・コメンテーターでもある。筆者自身はこういったフィールドワークの研究には門外漢であるが、ある経緯から哲学研究者としてアマゾンを訪れ、またアマゾンに次ぐブラジルの大原生林「マタ・アトランチカ」の原住民部落に滞在する機会をも得てきた。いずれの場合も、旅行の心得と準備について湯本氏に教えを乞い、指示を得てきた。（この経験の報告は、本研究所の二〇二三年度年報『文明と哲学』第十六号に掲載が予定されている。）そういった個人的経験を抜きにしても、一般的な見識として、湯本論文は松井論文につづいて「文明の起点」としての「森林」を語って、余すところがない。

三―三　第三論文「近代文明の生成と海」（川勝平太）

本書の第二の視点は「文明の生成」である。この視点の皮切りは、川勝平太による第三論文「近代文明の生成と海」である。これは川勝の「文明の海洋史観」の、展望編でもある。なお、川勝の言う「海洋」は筆者の理解では、単に「陸」と対置された物流領域としての海に限定されず、陸と海の両方にわたる「水」への視点をも含んでいる。そして「水」への視点は、「火」への視点と結びつく。「水の文化・火の文化」は、美学や宗教学の方面の蘊蓄へと伸びていく。本論文は、経済学者であって且つ歴史学者・宗教思想学者でもある川勝の文明論である。蛇足ながら、昨年の秋に「比較文明学会」が創立四十周年で出した論集『人類と文明のゆくえ』でも、川勝は「古代ユーラシア文化の日本への影響」を寄稿し、「「火」の回路から「水」の循環へ」という雄渾な視座を展開している。故・松井と同じく川勝も本研究所への協力者で、公開シンポジウム第一二回「近代の諸相と射程」（二〇〇二年）で「真・善・美と近代文明」を講演し、何よりも本研究所の創立五十周年を機に創刊された年報の創刊号（二〇〇八年）に、「〈枢軸時代の精神革命〉とその後」を寄稿している。そこには「思想史」学者・川勝が顔を出しているということを、付記しておきたい。

三—四　第四論文「野蛮と文明の所有論」（松村圭一郎）

つづいて松村圭一郎の第四論文が、本書第二の視点「文明の生成」をさらに展開する。松村論文は、文化人類学の領域でも新たな視点を提示する内容を、含んでいる。すなわち従来の文化人類学は、西洋近代の「文明」の側からその段階に至っていない地域を研究する学問だった。しかし松村は、「文明」というものを、人類が達成した進歩段階でなくて、「野蛮」と「文明」の間を往来する関係というユニークな視点で、捉え直している。その場合の焦点が、彼の言う「所有」の問題である。その着眼は、諸学説の総覧をおこなった上でなされる霊長類の種社会への視座に支えられている。

松村は湯本が所長を勤めた京都大学霊長類研究所での、霊長類社会における所有と分配をめぐる議論を、人間社会においてすすめるという方法を取った。ゴリラやチンパンジーの研究が、二十一世紀の文明論の新基軸をなしているという、従来の文明論では想到し得なかった視点が、松村において新たに提示されている。そこから帰結する洞察が、白眉である。すなわち、「人類の〈野蛮〉と〈文明〉とを行きつ戻りつしうる関係性の歴史」として、文明を見直すことである。松井の「地球学フォーラム」と並んで京都大学「霊長類研究所」も、活動形態としては痛恨ながら過去形となったが、日本の学術研究に寄与した実績がなおかつ現在的であることを、図らずも松村の講演に垣間見ることができる。

三―五　第五論文「持続可能な法秩序の構築」（髙山佳奈子）

ところで「所有」の問題となると、当然ながらそれは具体的には「法」および「法律」の問題と不可分であろう。「文明の生成パラダイム」を「法」の観点から捉えるという課題を引き受けたのが、髙山佳奈子の第五論文である。髙山は本研究所の理事でもあり、本研究所の年報『文明と哲学』第十三号に収録された論考「フェニミズムアートへの対応と平等の視点」は、最高裁判所が注目するところとなって、論文掲載号の年報がわざわざ研究所に発注されてきた。髙山は、「法律」が人類の歴史の中ではごく新しいものだが、「法」は社会生活のルールという意味では「文明」よりも古くからあること、その視点から、法秩序が文明の生成においてどのような役割を持つかを、論じている。その生成のプロセスは当然ながら、国によって異なる面と共通する面があるから、髙山は具体的に、国際法の「主体」の範囲、国際法上の犯罪とされる「海賊」の意味（上述の稲賀の「海賊史観」とは別の視点である）、「ヒト」胚の改変問題やクローン技術を、ヨーロッパと日本での諸議論を参照しつつ論述していく。それは宗教や文化の相違をふまえることを要求し、自然科学や哲学・倫理学・宗教学、等々の知見を取り入れるべきテーマ領域であることを、強調して締めくくる。

三—六　第六論文「神々と人の姿　古代ギリシア・ローマ美術」（芳賀京子）

こういった哲学・倫理学・宗教学、等々の領域は、文明という視点からは美術・芸術として開花するとも考えられる。その視点を重視するのが、本書の第三部「文明開花」である。極めて大きく且つ重要な問題領域であるから、本来ならインドや中国にまで目を向けるべきであるが、限られた制約の中、あえて古代ギリシア・ローマの美術とイスラーム美術に視座を絞って、二人の論者に講演を依頼した。

芳賀京子の第六論文「神々と人の姿」は、美術史論という枠を一歩越えた文明論でもある。ギリシア文明がローマ文明に受け継がれることは、美術において如実に表現される。そしてそこに照明を当てることによって、ギリシア美術が近世以降の西洋美術やイスラーム以前の東方美術に伝播していった経緯が、文明世界の伝播・拡大の経緯としても見えてくる。もしその視点を、中世から近世を通じて「経済力」でイスラーム教圏がキリスト教圏を上回っていたという川勝論文の指摘と対比して読むなら、興味は倍加するであろう。文明の伝播を、経済力の浸透と美術現象の浸透とのいずれに主眼をおいて見ていくのかという問いは、それ自体が文明論的な問いでもある。紙数の関係から芳賀論文は「ギリシア・ローマ」に限定されるが、その舞台は当然ながら、やがて成立するビザンチン美術と合流することになるだろう。その時、美術史上の出来事がギリシア正教を含むキリスト教世界とイスラーム世界とのせめぎ合いの舞台にもなるということが、——すでに十字軍の歴史において準備されてきたことだが——表面化してくる。それは、あたかも異なった花樹と花樹とが生育場所をめぐって張りあい、せめぎ合うという自然現象が、高度の人為現象として美術文明史においても生じるということでもある。

三―七　第七論文「宗教が生み出した美の世界　イスラーム美術」（桝屋友子）

このせめぎ合いの一方の側にたつイスラーム美術を、イスラームという宗教の本質に関係づけて論じたのが、桝屋友子の第七論文「宗教が生み出した美の世界」である。この論文の表題は、一般の美術史の領域では自明的ではない。一般的には、「キリスト教美術」とか「仏教美術」とかは自明的に「宗教美術」として括られるが、「イスラーム美術」を「宗教美術」と規定することは一般的ではないからである。しかし桝屋はその一般的通念を逆手に取って、「イスラーム美術」をあえて「宗教が生み出した美の世界」と規定する。その見方は、筆者の私見を加えることが許されるなら、「宗教」という観点から極めて正当な問題提起を含んでいる。すなわちよく知られているように、キリスト教で言う「聖と俗」の二項図式はイスラームでは存在しない。イスラームには「聖職者」というカテゴリーは無い。そのことは、近世のキリスト教世界の歴史動向をなす「世俗化」という現象が、イスラーム世界には生じなかったし、今後も生じないということである。しかし、イスラームは紛れもなく「宗教」である。桝屋が指摘するように、アラビア語の「イスラーム」は、唯一神のアッラーに「絶対的に服従すること」を意味するからである。そこにはキリスト教からは異質と見えても、紛れもなくアッラー神への信仰を奉ずる「宗教」がある。そうであれば、「イスラーム美術」は宗教が生み出した美の世界に他ならない。「宗教美術」というカテゴリーをイスラーム美術に適用しないという通念は、キリスト教世界を基準とする見方に過ぎないということになる。

桝屋は、「イスラーム美術」における二つの宗教的制約として、偶像崇拝の禁止と、宗教的な場における動物・人物表現の忌避を指摘する。この二つの禁忌に沿って桝屋はイスラーム美術の全貌を縦横に、しかし簡潔に描写する。だから読者は、イスラーム美術への恰好の手引きを得ることができる。同時に、美術という語を文明という語に替えて、「イスラーム文明」の開花として「イスラーム美術」を見ることも、桝屋論文において可能となっている。ここでも「美術史」は「文明史」と重なるのである。

三―八　第八論文「いかめしく節用を繰る名付親――〝節用の日本文明〟再考」（横山俊夫）

さて、以上はどちらかと言えば「巨視的」に文明論を縦横に展開するものだったが、しかし大空を縦横に飛び回る鳥も、時として樹林の小枝に止まって海原を眺める時があるであろう。そしてそこから時として意外な視界が開かれることがある。そのような論考を、本書の第四の視点「日本文明」のもとで提示するのが、最終の第八論文である。

表題から内容を推定できる読者は、相当の知識人だ。筆者自身は最初は何のことか分からなかった。しかし横山はすでに以前から、日本社会を「節用の日本文明」として捉える見方を公表していた。「節用集」とは、和語や日用口語の漢字変換を助けるためのイロハ引き字書から始まって、広義における総合的な礼法を記す文書で、各地の町や村の共同体に少なくとも一冊はあったという。文明という大きな出来事を宇宙、森、海、法、美術、といった大きな尺度で見るのではなく、市井の生活に埋没しそうな小さなものに着眼して考察する方法だ。横山は「文明」が「civilization」とは異なるという正当な指摘を前置きするが、横山の独創性はその次にあった。すなわち種々の節用集を開く手指が微かに残す「摩耗」や「皮脂」の蓄積に着目して、その濃度分布をデータベース化したのである。そこから、使用者の職種や階層や居住地域だけでなく、どの部分に関心が持たれていたか、どんな仕方で通用したか、等々が引きだされる。人文科学の領域にそういう手法があり得たのかと、驚嘆させられる。横山は最終的に、現代社会の暮らしに新たな行事暦の導入による新たな「文明」構築を考えると言うのだが、どこまで本気かどうかは問わないことにしよう。横山が引用する、「いかめしく節用を繰る名付け親」という川柳が、横山の文明論の本心でもあるように思われるからだ。

× × ×

以上で本書の総括を試みたが、収録された諸講演はいずれも大雑把な総括を許さない独創的にして学識豊かな内容を持つものである。読者がそれらの一々を愉しんでくださることを、そして自らも縦横に思考を巡らしていただくことを、確信する次第である。

第一部　文明の起点

第一章　文明は見えない世界がつくる

松井孝典

ただいまご紹介にあずかりました松井です。私は東大を一〇年ほど前に定年で辞めて、今は千葉工業大学におります。辞めるときに、千葉工業大学が私の研究所を作ってくれるということで、千葉工業大学に移りました。その研究所は、「松井研究所」でいい、という話だったので、当初は研究所の名前を考えていなかったのですが、その頃私が研究テーマにしていたのが実は「アストロバイオロジー」という学問でした。

これは何かというと、今は大流行りなのですが、宇宙と生命とのかかわりを広範に調べるという学問です。NASAが、二十一世紀を前にして、これからの宇宙探査は、アストロバイオロジー、つまり、生命探査を主とする、ということで作った名称が、このアストロバイオロジー。私はそれより一〇年くらい前から、宇宙における生命を研究テーマにしていました。そこで、NASAがアストロバイオロジーを始めたときにワシントンに呼ばれました。それを日本でもやってくれないかということで相談されました。日本でその頃、アストロバイオロジーという学問分野を立ち上げる、というところまではやりました。

その頃でしたので、当初は「アストロバイオロジー研究所」にしようと思ったのですが、実は千葉工業大学という大学には理学部がありません。工学部だけなのです。工学部だけのところに、私が行って理学系の研究所を作っても、まったく浮いてしまう。どうしようかと考えて、せっかく行く以上、工学の人と一緒にやれるようなものがいいだろうということで考えたのが、「惑星探査研究センター」という名称です。

なぜ「惑星探査研究センター」かというと、NASAが二十一世紀の宇宙探査のゴールをアストロバイオロジーにしよう、という経緯からもわかるように、惑星探査のゴールは、アストロバイオロジーです。一方で、惑星探査や宇宙探査というのは、研究としては、実は工学が重要なのです。したがって、こういう研究所を作れば大学としても有意義だ、ということで、「惑星探査研究センター」と名前をつけました。

ということで、以来、千葉工業大学の惑星探査研究センターの所長を務めています。惑星探査を始めたということで、政府のほうから、政策を見てくれないかと頼まれました。

それまで私は宇宙探査、惑星探査にはいっさいかかわりませんでした。実験や理論的な研究を主としてやっていたのですが、宇宙探査や惑星探査を始めるのであれば、政策も少し見てほしいということで、それ以来、日本の宇宙政策にもかかわっています。

最近のニュースでは、米国主導の月、あるいは火星の有人探査に日本がかかわる、というのが、東京の新聞では一面に大きく出ています。これから月や火星に人を送るという世界的な流れの中で、日本もそれにどうかかわるかという、宇宙政策としては大きな転換になるような議論を半年くらいしていました。その方向性を考えるような立場でしたので、今のような方向性（アルテミス計画に参加する）を決めました。

これは国際宇宙ステーションの先の話でして、月の軌道上に、「深宇宙ゲートウェイ」という、人を宇宙に送るための前進基地を作る。そこから、火星探査をやったり、将来の宇宙探査のいろいろなことをやろうという構想です。

月面に基地を作る、という話もあります。有人というのは非常にお金がかかります。私自身は、無人の科学探査のほうがよっぽどいいと思っています。しかし、国際協調で宇宙をやるというときに、日本だけが抜けるわけにもいかない。安全保障や日米協調という外交的な問題もあって、参加する、ということを決めたのですが、そんなこともやっております。

今回、日独文化研究所で「文明」というシンポジウムをやる、ということで、講演を頼まれました。どういうタイトルにするか、という問い合わせがありました。私自身は、自分で何かを話したいから講演をする、というよりは、主催者に頼まれた内容で講演をする、ということが多い。本当は、趣旨をよく理解した上でタイトルをつければよかったのですが、「文明」というテーマと聞いたものですから、このようなタイトルにしました。今年〔二〇一七年〕の一月に、岩波新書で『文明は〈見えない世界〉がつくる』という新書を出したばかりでしたから、それがいいだろう、ということで、「文明は見えない世界がつくる」というタイトルにしたわけです。

その本で論じたのは、文明が発展するというのは、基本的に、見えない世界を解明して、それを

「見える化」して拡大するというプロセスではないかということです。その結果として、実際に繁栄してきた。その知的な営みの歴史をたどることで、文明の本質を探りたいというのが、この本を書いた動機だったのです。

しかし、今、湯本さんのお話〔湯本貴和「ヒトは生態系の破壊者か創造者か」本書所収〕を聞いていて、私の用意していた話とあまりにもギャップがあるので、困ったなあと思いました。私が当初、このパワーポイントを用意したときには、次のような話をしようと思っていました。宇宙進化の観点から文明を論じてほしいというのが主催者の期待のようでしたので、宇宙における「知性」の意味でも考えようかということで、準備しました。

文明を築くということは、身の丈サイズの世界、それが見える世界ですが、その世界の背後にあるものを探ることにつながるということです。それは基本的粒子のような微視的世界であり、巨視的世界である宇宙です。その最先端で、人間というか「知性」に関して、どのような議論が展開されているかということを紹介し、それが文明とどうかかわるのかというところに繋げて話ができればいいと考えました。この一週間ほど用意をして、来る新幹線の中でも用意してきたのですが、今の〔湯本さんの〕話を聞いていて、どうやってこれを前の話に繋げるか、なかなか難しい〔大橋良介「繋がなくていいですよ（笑）」〕、いいですか（笑）〔大橋「ご自由に（笑）」〕（笑）。

私は、これまでいろいろな分野の研究をやってきました。地球と宇宙とのかかわりということでは、「天体衝突」という現象が非常に重要ということで、一九七〇年代にこういう分野の研究を始め、今も研究を続けています。

天体衝突が地球の歴史をつくっている――このような偶発的な事件はこれまで地球史においては否定的に考えられていました。十九世紀頃に、イギリスで地質学が誕生しました。その地質学を科学として位置づけることが、その頃、科学史的には大きな一歩でした。

「科学的」というのはどういうことかということですが、現在起こっていることが、過去にも起こったとして歴史を考えるということです。「斉一性」と呼ばれる考え方です。そういう考え方を導入すると、地球の歴史が科学として議論できるということが、非常に重要だったのです。

私が天体衝突を考え始めたきっかけは、アポロ計画です。その探査によって、月の表面のデコボコしている地形が、クレーターという、天体衝突によってできた地形であることがわかりました。月は天体の衝突という過程を通じてできたのだから、地球もそうであるはずです。じゃあそれを考えようということで、研究者人生を始めました。

天体衝突というのは、きわめて「アドホック」な出来事です。したがって、歴史を考えるときに、科学的でないということで、十九世紀には否定されていました。地球の歴史を考えるときに、そういうアドホックな出来事を考えないということが、科学的だというふうに、当時は思われていたのです。斉一性という考え方です。そうではない、ということを私は主張してきました。その後、生物の歴史もそうだろうと考え始めました。恐竜の絶滅の原因として、そのことが一九八〇年に確かめられました。地球史の解明におけるその頃の私自身の研究成果を一つ紹介すると、大気や海洋の起源が天体衝突によることを、一九八〇年初めに解明しました。

恐竜絶滅の原因に関しては、アルヴァレズ〔ルイス・ウォルター・アルヴァレズ（Luis Walter Alvarez）〕

という研究者が親子で論文を書いています。お父さんの方は物理学者で、一九六八年にノーベル物理学賞を与えられた研究者です。息子さん〔ウォルター・アルヴァレズ〕が地質学者です。この人たちが、「K／T境界」とその頃言っていましたが、六五五〇万年前の生物絶滅、皆さんがよく知っている事件でいうと、恐竜絶滅という話ですが、恐竜絶滅は何が原因で起こったのかということに関して新しい発見をしました。もともとは、そういうことを発見する意図で始めた研究ではないのですが、結果として、「K／T境界層」にイリジウムという元素が非常に濃集しているということを発見したのです。

イリジウムという元素は、地殻には少なくて、宇宙からもたらされている。隕石みたいなものに含まれている。その量から判断すると直径一〇キロメートルくらいの隕石が衝突したはずである。その証拠ということで、生物の絶滅にも天体衝突が絡んでいる、という論文をアルヴァレズ達が発表したのが一九八〇年です。私がやろうと思っていたことを先に調べられて、非常に悔しい経験をしました。

一九八〇年に発表された恐竜絶滅と隕石衝突との仮説に関連して、一九九〇年頃から私も研究を始めました。衝突の跡のクレーターがどこにあるのかというクレーター探しと、実際にどういう環境変動が起こるか、というような研究です。

まず、メキシコのユカタン半島で、地下探査を計画しました。地下にクレーターがあるわけですから、地表で爆薬を爆発させて人工的に地震波を起こして、その波を地震計で観測して地下構造を推定するというプロジェクトを現地で行うことを計画しました。爆薬を一回につき二〇〇キロくらい爆破させる必要がありますが、その当時、ユカタン半島は治安が悪かったのです。ゲリラが出たりして、メキシコ政府が神経質になっていることもあって、爆薬を使う許可がなかなか下りないわけです。ということで、時間の合間に遺跡巡りをしていました。

その付近は「チチェン・イッツァ」といった有名な遺跡があって、ピラミッドが多い。ピラミッドの上に座って、史上最大の環境変動の場ともいえるユカタンから文明を考えるというのは面白いと思いました。現在の文明の最大の課題は地球環境問題ですから。そんなことを考えているときに、ひょっとするとキューバに、その頃の環境変動を記録した面白い地層が残っているかもしれない、ということを思いつきました。

しかし、その頃、キューバにおける野外調査を計画しても、各国、誰も入れなかった。まだカストロが健在でして、米国との関係も悪かった。加えて、国有地はほとんど軍用地ですから、地質調査は難しいだろう、と。

でも、どう考えてもキューバには重要な地層が残されているはずです。メキシコのユカタン半島に巨大な隕石が落ちたとき、キューバはユカタン半島の脇の海底にあったからです。六五五〇万年前の地球を「プレートテクトニクス」に基づいて復元すると、キューバはその頃、日本列島と同じで、海底にあったわけです。その後のプロセスで隆起して、今のキューバになった。したがって、キューバを調べれば、六五五〇万年前のことがいろいろわかる。これは世界でまだ誰も調べていないわけだから、ひょっとすると何かまだ新しい発見があるかもしれない。というわけで、キューバの地質調査を計画し、生物の歴史と天体衝突の因果関係を調べるという研究をその後やりました。これはなかなか面白かった。

その当時はまだ元気だったカストロ議長に会って、直接許可をもらったりしました。日本の研究者でそこまでやる人はいない。面白い経験をいろいろとさせてもらいました。その経験談は、月刊の『文藝春秋』で随筆を書いたりして、カストロとどういう話をしたとか、どういう人だとかということを書いています。昨年〔二〇一六年〕でしたか、カストロ議長が亡くなったときにも、『週刊新潮』の「墓碑銘」に、私のコメントが載ったりしています。

その研究の続きがまだありまして、来年〔二〇一八年〕早々くらいにNHKが、「地球事変」という番組で、生物絶滅、恐竜絶滅のことを扱いますが、その中で、われわれのグループが二〇一三年に『サイエンス』に発表した論文が紹介されます。実は、六五五〇万年前の天体衝突によって、多量の酸性雨が降ったのではないか、酸性雨が降ることによって、恐竜が滅んだのではないかという仮説です。それを紹介してくれるということで、生物の歴史と天体衝突という、少し出遅れた問題についても、貢献ができてありがたいと思っています。

今日は「文明」というテーマで、前の講演を聴きながら、宇宙といっても、文明ともうちょっと、直接かかわりのある話のほうがよかったのではないかと思いました。

二〇二六年くらいになりますが——遅れるかもしれませんが——、日本は「デスティニー」という宇宙探査機を打ち上げます。「フェイトン」という小惑星に探査機を送るのです。フェイトンがどんな天体で、どんな塵を周りにばら撒いていて、どんな物質でできているか、そういうことを調べようという探査です。

何故フェイトンなのかというと、フェイトンというのは一万年くらい前、正確にはよくわからないので、ひょっとすると五〇〇〇年くらい前かもしれないのですが、それまでは彗星だったのです。太陽に接近したときに分裂して、その分裂した破片が今も流星雨として地球に降ってきているのです。分裂した破片が地球軌道と交差すると、たくさん流星を降らせます。この彗星の破片は、現在ふたご座流星群と呼ばれています。

五〇〇〇年くらい前といえば、もう地球上に文明は誕生していました。チグリス・ユーフラテス川流域付近には、もうかなりの文明が誕生していて、「カルデアの知恵」と言われますが、カルデア人は、天体観測をしていました。

ひょっとするとその当時、非常に激しい、天空での彗星活動を、彼らは目撃していたかもしれない。彗星というのは、太陽に接近すると明るく輝いて、時には分裂したりする。しかも人々に災厄をもたらします。

たとえば、たくさんの塵が降ってくると、太陽の光を遮ったりしますから、寒冷化が起こります。場合によっては、海に落ちれば津波が起こる。ちなみに先程のユカタン半島で調べてわれわれが見つけたのは、波高三〇〇メートルに達する津波が起こった、その津波の痕跡です。その当時の大陸と海の分布のもとで計算すると、たとえばアメリカ大陸に波高三〇〇メートルくらいの津波が押し寄せる。昔、「ディープ・インパクト」という映画がありました。彗星の衝突ですごい津波が起こるという設定の映画です。われわれがキューバで見つけた津波の跡やそれに基づく計算を根拠にして、制作したと思います。

いずれにしても、天体衝突があると、さまざまな災厄が起こって、文明に影響します。今では神話的な格好でしかそういうことを議論できませんが、たとえば、龍というのはそれにかかわるのではないかと思っています。神話的には悪く扱われる龍や蛇というのは、災厄をもたらす対象として扱われています。この龍という想像上の動物は、私の推測では、彗星ではないかと思います。とすると、文明と宇宙とのかかわりというのは、以下のようなことを調べるとわかるかもしれない。

そこで今、新しいプロジェクトとして、「三方五湖」の一つである「水月湖」に注目しています。水月湖の堆積層というのは、非常に静かな環境で堆積しているので、一〇万年分くらいの縞模様が見える。その縞模様を詳細に分析すれば、宇宙から降ってくる物質の変動の詳細がわかるだろう、ということで、今そのサンプルの分析をする準備を進めています。

そうすると、五〇〇〇年くらい前に彗星が分裂して、地球に大量の宇宙物質が降ってきているということが確かめられる。そういう話になると、文明と宇宙が直接かかわる。今回そういう話は用意していませんが、そういうこともやっています。

それ以外にも文明史に関しては実は、トルコでも発掘をやっています。ヒッタイトという王国が、鉄器の製造技術を開発しました。帝国が滅亡して鉄器が世界に広まり、鉄器文明が始まった。どのように始まったかということは、ヒッタイトで何が起こったのかを解明しないとわからない。しかし、これはまだ全く解明されていない。

ヒッタイトでは鉄器の製造技術というのはすごく重要な技術です。一切が門外不出の技術だったのです。だから、秘密にされていた。ヒッタイトが滅んでから、鉄器の技術が世界的に広がって、鉄器文明が始まるわけです。そこで、鉄器製造のきっかけになったのは何かが問題です。アラジャホユックという大体四三〇〇年くらい前の遺跡から、鉄隕石を使った刀が発掘されています。トルコのヒッタイトの遺跡の近くです。アナトリア高原ですね。

それから、エジプトでも、有名なツタンカーメンのミイラの棺の中で、鉄隕石で作った刀が見つかっています。これは三三〇〇年くらい前になります。四三〇〇年くらい前に、鉄隕石を使って刀を作るという技術がヒッタイト周辺にあったということになる。ヒッタイトというのは三九〇〇年前に成立した王国ですから、それより四〇〇年くらい前です。

何かそういう知識を使って、鉄器文明が始まったのだろうと考えられます。宇宙と文明のかかわりを、鉄器を通じて解明するというのも面白いと思って、今、トルコのアナトリア高原で大村さんと発掘を行なっています。

私は研究者として何か、すごくツイているのですが、発掘にかかわってすぐ、そこで四三〇〇年前の鉄球が発見されました。科学者というのは、ツイていないとダメなんですよ（笑）。ツイていない人は、ホントに悲惨なんですが（笑）、惑星探査でもそうです。「はやぶさ」のときに、川口さんなんか、もう時代の寵児になったでしょう。あれも彼がツイているからだけで（笑）、本当は探査としては失敗なんです。私は、宇宙政策委員会の委員長代理として、探査としては失敗です、と。たまたま何か知らないけど、結果としてうまくいった、という批判をしたりしましたが、ツキは重要なんです。

私の演習をとっていた学生で、宇宙科学研究所でいろいろ探査にかかわっている人がいます。たとえば火星探査でも、探査機が途中で行方不明になったこともありますが、その人がまた次に、「あかつき」という金星探査機にもかかわっていました。そうしたら金星でも軌道投入に失敗した。これは、ツイていないという例です。こういう人を探査の責任者にしてはいけないと思っていました。そうしたら、いろいろ工夫して探査機は復活したのです。最近、その責任者には、生き返ってよかったな、と激励しています。研究者には二つのタイプがあって、ツイてる人とツイてない人がいます。私は何かを始めると、大体、始めた途端にいろいろなものが出始める（笑）。先程の話ではないけれど、キューバに行けば、予想通り、六五五〇万年前の津波の痕跡を見つけるとか。

トルコに行って調査を始めると、四三〇〇年前の地層からサンプルが続々と出てきたのです。このサンプルが、人工の鉄器ではあるが、まだ金属の鉄までいっていない。酸化還元状態としては酸化鉄の段階なのです。水酸化鉄のような鉄鉱石を材料にして、それから加熱して酸素を飛ばしたような段階のものです。分銅状の形をしています。こういうものを調べると、どうやってそれを作ったのかということがわかります。

この中に考古学の人がいると差し障りがあるのですが（笑）、大体考古学で分析をやっている人は、私の分野から見ると、分析技術が三〇年遅れています。私たちは宇宙物質の分析をしています。たとえば、はやぶさがサンプルを持ち帰ると、そのサンプルの分析をします。現在、一〇のマイナス一〇乗くらい――これはスケールにしても質量にしてもですが――で、分析できます。考古学の分野では、大体一〇のマイナス六乗くらいです。極端なことを言うと、主要元素の分析くらいまでです。

たとえば、鉄隕石由来かどうかということで、鉄とニッケルの含有量に注目して鉄器を分析している。鉄隕石由来かどうかなら、ニッケル含有量だけで判断できます。そのサンプルを、宇宙物質を分析する分解能で見ると、もう格段に違う。今まで知られていなかったような見えない世界が見えてきます。どれくらいの温度で、どういう物質を還元剤に使って、どのように精錬しているのか、といったことが見えるのです。

すると、文明論的には、鉄器をどうやって人類が手にしたのかという話に繋がります。これは、直接には宇宙とかかわりはないのですが、鉄隕石由来の遺物なら、宇宙と文明とのかかわりが見えてくる。

見えない世界という意味では、究極の見えない世界も現在は見えつつあります。宇宙の始まりであるとか、宇宙の果てであるとか。極微の世界では、それこそ、われわれが身の丈サイズで見ている世界と違う世界が見えてきます。

見える世界と見えない世界の世界観で一番何が違うか。われわれは、粒子を観測すれば、位置と速度が決まると思っている。ところが極微の世界では、そうではない。

ニュートンの方程式でもアインシュタインの方程式でも、粒子という実体があって、位置と速度で状態が決められて、時間的にどう変化するかが追えるということを、われわれは経験的に知っている。それが身の丈サイズの世界です。

しかし、微視的な世界の場合は、シュレーディンガー方程式という方程式が、そういう世界の状態と、それがどう時間発展するかということを記述していますが、このシュレーディンガー方程式では、粒子の位置と速度という量は同時には決まらない。ある領域に粒子の雲がありますよ、というような、曖昧模糊とした話なのです。

皆さんもどこかで「不確定性原理」という言葉を聞いたことがあるでしょう。不確定性原理というのは、位置を決めようとすると速度が不確定になり、速度を決めようとすると位置が不確定になる。

これは別に、位置と速度だけではなくて、時間とエネルギーでもいい。エネルギーをきちんと決めようとすると時間が不確定になる。時間を正式に決めようとするとエネルギーが無限大になってしまう、といったことです。さまざまな不確定性があるのですが、そういうことと関係しています。

電子があるとして、電子の位置を決めようと思っても、雲の状態でしかわからないというのが、シュレーディンガー方程式が状態を記述することです。そういう状態を「波動関数」が表している。実は、そこで人間の認識にかかわる大きな問題が出てきます。

微視的な世界を人間が観測すると、「ある場所に存在する」という状態として観測できるわけです。たとえば、電子をスリットを通して撃ち込むと、その電子の跡が後ろのスクリーンに映ります。片側から電子を一個ずつ撃つと、見える世界の常識としては、スリットの空いたところにしか跡ができないはずです。それが、後ろに干渉縞のようなものができる。波というのは、重ね合わさると山と山は強まり、そうでないと消えてしまう。そういう現象を「干渉」と言います。その干渉が現れて、縞模様になって見えるのです。電子一個一個は粒子なのに、波のような性質がある。そのような粒子性と波動性を表すと、電子が一個移動するだけなのに、雲のようなイメージです。

ところが、実際に観測すると、電子が一個出てくる。そういう状態を表わすのが「波動関数」です。この「波動関数」とは何なのか。これを解釈するのに、昔からいろいろな議論があります。

量子論で有名な人、ボーアであるとか、ハイゼンベルグなどは、波動関数とはどういうものかということで、実は人間が観測したときに収束するのだと解釈しています。波動関数とは、人間が観測という行為をした途端に、場所と時間とか、そういったものが特定される、という奇妙な解釈をした。

そのときから、実は微視的な世界でも、観測者がいるかいないかで世界が変わると考えられるようになりました。この宇宙というのは、知性というか、観測者というか、何と言ってもいいのですが、いるかいないかで違うのだ、という新しい見方が出てくる。量子論で「観測問題」と言われていました。

それが、一九五七年に状況が変わります。その当時無名の人〔ヒュー・エヴェレット三世（Hugh Everett III)〕が、その問題に別の解釈を与えました。波動関数の収斂という現象は起こらない。収斂などしないと。普通の物理法則が帰結するように考えていいというのです。どういうふうに考えるかというと、実は、この世界は一個ではないのだ、と。たくさんあるのだ、と。たくさんあれば、波動関数が記述することは、さまざまな世界のことを記述していると解釈すればいい、ということです。「多世界解釈」と呼ばれるような新しい提案をしました。

この提案を彼は博士論文としてまとめました。しかし、これは荒唐無稽だということで当時は一切無視されます。十年間、定職に就くことができませんでした。世の中から無視されるということは、研究者にとって一番辛いのです。結局、精神的に不安定な状態になって、一九八二年に亡くなってしまいます。書いた論文は一本だけです。

ところがその後、一九六〇年代くらいになって、この論文を後世の人が再発見して、波動関数の収斂より多世界解釈の方が本当かもしれないと言い出すのです。今では多世界解釈というのが、微視的な世界では全く荒唐無稽ではなく、むしろ積極的に評価されている。これは、自然というものを人間と切り離して考えるのではなく、一体化して考えようということです。この宇宙にわれわれがいるということが本質的ではないか、ということです。

じつは時間という概念についても同じようなことが言えます。物理法則と我々の意識とが調和的に結びつくように、物理法則を解釈することで、時間の向きが生まれるという理解です。

こんな議論ができるのは、実はわれわれが文明を築いているからです。ネアンデルタール人にこういう認識ができるかというと、できない。あるいはそれ以前の、ホモ・ハイデンベルゲンシスにしても、その前の、ホモ・エレクトスにしても、ホモ属のサピエンス以前の段階の人類ができるかというと、できない。ホモ・サピエンスだけができた。ホモ・サピエンスだけが、今われわれが文明と呼ぶような世界をつくってこれだけ豊かに生きているから、そういうことがわかってきたわけです。

この宇宙というのは、身の丈サイズの世界だけではない、微視的な世界や巨視的な世界まで含めて考えると、われわれの存在と自然が密接、不可分な関係にある。量子論的にも宇宙論的にも、並行宇宙というか、このわれわれの宇宙以外にも宇宙が無数にあってよい。その無数の中ではありとあらゆることが起こっているのだ、と。それを記述しているのが、たとえば、シュレーディンガーの波動方程式である、という解釈です。これを「多世界解釈」といいます。こうした解釈が生まれてきて、われわれの存在というのが、この宇宙では非常に重要な意味を持ってきました。

一方、巨視的世界でも見えない世界の理解が深まっています。宇宙に始まりがあることは観測されています。宇宙が膨張している、という観測事実が、一九二九年にハッブルによって発見されました。その前ですが、一九一六年に、アインシュタインが「一般相対性理論」を発表しています。その方程式を使うと、物質の詰まった空間が存在するとして、ある初期条件を与えるとそれがどうなるのかという計算ができます。アインシュタインがその方程式を導いた当時は、まだハッブルの観測はないわけです。したがって、宇宙は「静的な宇宙」だと考えられていました。

それはニュートンの時代と同じです。ニュートンも、重力を発見したときに、万有引力の法則を発見したときに、一番困った問題があります。それは、宇宙に星があるにもかかわらず、星は落ちてこない。どうして落ちてこないのか、という問題です。これは、非常に困った状態です。万有引力の法則によれば、すべてのものに引力が働いているはずです。「天に星がある」ということは説明できなくなります。宇宙が静的に存在することはありえない。そこでニュートンが考えたのは、「いや、これこそ神の存在証明だ」ということです。「神様がうまい具合に星を配置すれば、すべての引力が相殺して、潰れないような宇宙がつくれるのだ」というのが、ニュートンが考えた神と調和的な宇宙の話です。

アインシュタインは、自分の方程式を見たときに、「この方程式では、静的な宇宙は作れない」と、思ったのです。静止した宇宙という解はありえない。そうすると、困ります。神様を導入するわけにもいかない。そこで引力の代わりに、「万有斥力」のような、引力と逆向きに働くような力を入れて、それを相殺しようと考えたのです。そこで、「宇宙項」という定数を方程式に入れました。

それからしばらくして、ハッブルが、膨張する宇宙という証拠を見つけて、アインシュタインが考えたことは全くの杞憂だったということがわかりました。杞憂という言葉は、杞の国の人が、昔、天が落ちてくるということを憂いた、という話に起源があります。起こりえないことを憂うという意味で「杞憂」という言葉が出てきた。これは天体衝突とも関係しています。

いずれにしても、アインシュタインは一九一六年に一般相対性理論を提出して、一九一七年には宇宙項という定数を付け加えました。アインシュタインは自分の方程式を信じなかったのです。

一方で、アインシュタインの方程式を信じて、その方程式を解いた人がいる。ロシアの物理学者というか、気象学者にして数学者なのですが、フリードマン〔アレクサンドル・フリードマン（Alexander Alexandrovich Friedmann）〕という人です。彼が、その方程式をある場合について解いてみたら、静止しているという解はない。膨張するという解はある。そこで、フリードマンは、宇宙には始まりがあるという考え方に行きます。

その後、フリードマン以外にもルメートル〔ジョルジュ＝アンリ・ルメートル（Georges-Henri Lemaître）〕がアインシュタインの方程式を解いて、同様の解を見つけました。ルメートルはカトリックの司祭です。司祭にして物理学者です。ですからその後、宇宙の始まりに関して、ローマ教皇に助言しています。宇宙が膨張していることがわかって、宇宙に始まりがある、と。「ビッグバン」という宇宙の誕生の時代があることも明らかになりました。そこで教皇が、ビッグバン以前は神様の世界です、ということを言ったときに、いやいや、そういうことを言ってはいけませんよ、と助言しています。司祭ですから、ローマ教皇庁の、アカデミー・オブ・サイエンスの長のような役職をルメートルは務めていました。そこで教皇をたしなめて、科学の世界と宗教は違うのだから、軽々しくそういうことを言わないように、と助言したそうです。

その後、ビッグバンの前に、インフレーションという時代があることが提唱されました。そうすると、神様を入れなくてもビッグバンという現象を説明できます。ローマ教皇が神様の関与を強く主張していると、その後困る、というような時代になったのかもしれませんが、ルメートルがいたおかげで、そういうことにならなかった。
ルメートルも、フリードマンと同じように、「アインシュタイン方程式を解くと、宇宙が膨張する解もある」、ある境界条件を与えて、ある条件のもとで解くと、そういう解があるということを見つけました。この宇宙は膨張する宇宙であるということを、ハッブルが一九二九年に見つけ、それが事実だとすると、静的な宇宙ではなくて、宇宙に始まりがある、ということになります。

実際にその事実が観測されたのは、一九六五年です。宇宙マイクロ波の「背景放射」というものです。米国ベル研究所のペンジアスとウィルソンが発見しました。宇宙のどこからも、電波が来ています。この電波の強度は温度にすると三ケルビンくらいです。その解釈ですが、ビッグバンと呼ばれるような宇宙の始まりがあり、そうした超高温高密度の時代があればこれが説明できるということが、フリードマンの弟子のガモフによって提唱されていました。そこで、宇宙背景放射を発見した業績に対して、一九七八年に〔ペンジアスとウィルソンに〕ノーベル物理学賞が与えられました。

しかし、その頃はまだ、わからないことがいっぱいありました。宇宙に始まりがあって、ビッグバンがあったとしても、この宇宙のさまざまな性質—たとえば、なぜ宇宙マイクロ波背景放射は一様に近い温度分布を示すのか、あるいは宇宙は平坦（曲率がゼロ）に見えるのか、など—が、きちんと説明できるのか、と。

実は宇宙の性質がわかるのは、ほとんど二十世紀後半になってからです。ハッブルが見つけた、宇宙が膨張するという観測の前、一九二五年くらいの段階では、銀河というものが、星の集まりだということがわかるくらいの段階です。その頃は、星雲と呼ばれるものが、みんな天の川銀河の中のガスと塵の塊だと思っていました。それが実は、銀河なのだということがわかりました。異なる銀河の運動と位置を決めると、宇宙が膨張しているようだということがわかりました。それは、銀河の正体がわかってから四年後のことでした。それまでは、宇宙というのは天の川銀河だったのです。

そんな時代からまだ一〇〇年経っていない。その後は、宇宙の果てが一気に広がっていきます。今や、一三八億光年という距離の球面が一番果てであることがわかってきた。一三八億光年まで広がったわけです。もっともそれは、見えるという意味での「最も遠く」であって、宇宙がどこまで広がっているかは実際にはわかりません。銀河系は一〇万光年くらいの大きさです。その大きさの桁が一気に上がって、たかだか、一〇〇年くらいの観測によって急速に拡大したのです。

時間も同様です。実は十九世紀までは、太陽の年齢をもとに宇宙の年齢が推定されていました。それが大体二〇〇〇万年くらいでした。それ以前の聖書の時代だと、六〇〇〇年です。時間は六〇〇〇年くらい前までしか遡れない。それから先は、全く未知。見えない世界です。それが二〇〇〇万年まで遡れるようになる。二十世紀直前くらいに、放射性元素が見つかります。放射能という現象です。放射性元素を使って、岩石の年齢が求められるということがわかって、歴史の始まりは数十億年くらいまで広がりました。というようなことで、時間も空間も、どんどん広がっていったわけです。

文明が発展すると、見えない世界の解明が進みます。それが二十世紀に起こっている。文明と見えない世界の解明が、繋がっているということです。

今はどうなっているかというと、宇宙のマイクロ波背景放射の詳細な観測が行われて、ビッグバン以降の宇宙の進化が解明されています。宇宙の背景放射が、一〇万分の一の精度で観測できるようになり、三ケルビンと言われていたのが、二・七ケルビンくらいで、しかも、一〇万分の一くらいの濃淡があるということがわかってきました。この濃淡を詳しく見ると、その大きさ分布を測ることができます。たとえば、ある大きさのものが少ないのか多いのか、そういう分布がわかります。宇宙の背景放射の詳細を知ることができるようになりました。

その結果、われわれの宇宙の空間はほぼ平坦である、ということがわかります。平坦ということは、ユークリッド幾何学が成り立っているということです。場所によって、質量があると重力によって歪みます。たとえば、銀河や超銀河団のような重力が支配しているところでは、そうです。しかし、それよりもっと大きなスケール、十億年以上のスケール、百億年とかそういうスケールになると、宇宙は平坦である、ということです。宇宙の始まりのときの温度差が一〇万分の一ぐらいなわけですから、ものすごく均質なわけです。

そんな巨大な空間が、どうして均質になるのか。状態が同じになるということは、情報が行き交わないといけない。情報が行き交うためには、たとえば光速のような制約があるから、均質になる領域の大きさに制限がある。それが、この宇宙という空間では均質だということです。宇宙マイクロ波背景放射が均質だということは、それが種になってこの宇宙が生まれるわけですから、始まったばかりの宇宙が均質だということになる。これは宇宙の地平線問題という問題です。

それ以外にも、宇宙が平坦である平坦性問題のように、ビッグバン理論では説明できないことがある。これがどうなのか、わかっていない問題がいくつかあったのです。

それを説明する理論が、一九八一年に生まれました。「インフレーション理論」と呼ばれる考え方です。ヒッグス場という奇妙な場を仮定し、その場がエネルギーの分布として丘の上の窪みに位置するとすると、エネルギー密度はそのままで、空間がものすごい勢いで倍々に広がっていくというのです。「インフレーション場」ともいわれます。空間は広がっていくけれども、物質の密度が薄まらないという奇妙な性質を持つ場なのです。そういう場というか粒子があるのだと思えば、ビッグバン理論の謎が説明できるというのです。「量子ゆらぎから空間が倍々に広がる宇宙が生まれる」と。それが、インフレーション理論というものです。

インフレーション理論が予測するのは、われわれの宇宙は、極微の量子ゆらぎのような状態から、今われわれが観測しているような宇宙にまで広がった、ということです。当初のインフレーション理論というのはそういう考えだった。ところがその後、もう少しきちんと調べてみると、空間が無限に広がっていき、途中でインフレーションが終わらないということがわかりました。この宇宙の場合は、たまたまインフレーションが途中で終わり、この宇宙になった、というのです。この宇宙を含む最も大きなスケールの空間で考えると、他の量子ゆらぎの場合にはインフレーションが終わらないインフレーションもあるということです。インフレーションというのは、この宇宙を含むようなずっと広い宇宙全体としては永久に続く。こういう考え方のことを、「永久インフレーション」といいます。

永久インフレーションから予測されることは、宇宙はわれわれの宇宙だけではなくて、無数にある、ということです。この宇宙というスケールでは、われわれの知っているような物理法則を持っていてもいい。しかし、その他に無数の宇宙がある。このような宇宙は並行宇宙、その分野の研究者の中では「レベル一の並行宇宙」と呼ばれたりしています。宇宙は一つではなく、「多宇宙」ということです。宇宙がたくさんあるとすると、この宇宙はどうか、ということが考えられる。すると、この宇宙は生命を生み、知性を生むような宇宙だ、そこに特徴があるのだ、ということになります。

宇宙のことを記述する物理法則があると言いましたが、この宇宙の物理法則は、もっと大きな宇宙、空間、あるいは世界の物理法則に対して、「実効的な物理法則」という言い方をする場合があります。「実効的」というのは、「物理法則のある値が、経験上決まる」ということです。

たとえば、この宇宙では空間が三次元です、あるいは時間が一次元です。空間が三次元でないと、太陽系も存在できないし、安定でもない。電子も安定ではない。すると、化学の世界がこの宇宙で実現しない。化学法則が成立するには、三次元でなければならないのです。時間も一次元でないと、知性というのが意味を持たない。一次元だと、予測ができる。時間が一次元だと、数学的なかたちで書き表したときに、予測することができる。予測ができないときに、われわれの脳は外界の理解をどこまで発展させることができるか。そもそも現在を発展させることに意味がないかもしれない。現在しかなかったら予測は意味をもたない。予測できるから、われわれは脳を発達させるという言い方もできる。

というようなことで、実は、この宇宙は、生命を生み、われわれを生む宇宙だという特徴があるのだということになります。それ以外の宇宙は無数にあるかもしれないけれども、生命を生む宇宙がたまたまあり、それがこの宇宙なのだということです。実は、こういう知性を生むような宇宙という考え方は、「人間原理」と呼ばれます。人間原理というのは、いまや、科学と宗教の議論ではありません。理論物理学者の間にもいろいろな派閥がありますが、その派閥間の議論になっている。意識といってもいいのですが、それと物理学との関係が、物理学者の間で議論されています。いろいろな考え方が提案されていますが、その間で議論されているのです。

知性の存在ということが、微視的な世界でも、巨視的な世界でも、非常に重要な意味をもち、役割を演じているということがわかってきています。知性がそういう役割を演じるということは、われわれがこういう文明を築いたからこそ可能になったことです。

ということで、私は「文明とは何か」、「われわれがなぜこういう文明を築いたのか」を、身の丈サイズの世界の現象としてどう考えたらいいのか、考えています。

すでに三〇年以上前になりますが、「農耕牧畜」という生き方と、「狩猟採集」という生き方を、地球システム論的に分析して、「人間圏」という概念をつくり出しました。「狩猟採集」というのは、生物圏の中のモノの流れ、エネルギーの流れを使う生き方です。それに対して、「農耕牧畜」というのは、地球システムのモノやエネルギーの流れを使う生き方です。

たとえば、森林を伐採して畑に変えるという行為を考えます。その結果、太陽から入ってくるエネルギーの反射率が変わります。あるいは、雨が降ると、畑の場合、土壌が流出したりして、モノの流れが変わります。これは、地球システムのモノやエネルギーの流れを変えるという生き方です。したがって、システム論的に考えると、農耕という生き方は、生物圏の種の一つとして生きるのではなくて、人間圏という新しい構成要素をつくって生きる生き方ということになります。

人間圏という構成要素をつくって生きる生き方が文明であると、私は定義しました。これは、宇宙的なスケールで文明を定義するときに使える概念だろうと思っています。ということで、それ以来現在に至るまでずっと使っています。生物学から学べることは、生物圏の中の種の一つとしての人類がどういう存在かという議論です。それは、人間圏を作って生きるという生き方とは、直接には関係しない。したがって、文明を生物学的な立場から議論しようとしても、本質的には難しいのではないかと思っています。

もう一つは、生物学と物理学の違いです。科学理論とは何かということを考えたときに、生物学は基本的に経験主義です。あるいは、帰納主義です。「過去がこうだったから、こうなるでしょう」と考えるのが、生物学の理論なのです。それに対して、物理学も経験に基づいています。実験で検証するというのはそういうことです。しかし、経験至上主義ではない。経験をどう解釈するのかという場合、絶えずより良い説明を与えるように考えます。そのより良い説明がきちんとした理論かどうかは、経験とつきあわせて、合うか合わないか、あるいは「反証可能性」といいますが、経験と異なれば、これは理論が間違いかもしれないという格好でチェックする。これは演繹ということです。物理学の方は、演繹を重視して理論を考える。「インフレーション理論」にしても、「シュレーディンガー方程式」にしても、皆これ、科学理論です。今のところ、科学理論としてこれを否定する理由はありません。

真理かどうかと、科学理論は別です。真理である必要はない。より良い説明であればよく、その時代ごとにより良い説明になる。そういう意味では、科学理論はいろいろなことを予言するわけです。予言してもまだ確かめられないことも多い。しかし、将来は確かめられる可能性がある。そういう考え方として、「多宇宙」という考え方が提出されている。

いろいろなレベルの並行宇宙が考えられます。われわれの宇宙に似たような、実効的な物理法則に支配されている宇宙を「レベル一の並行宇宙」といいますが、他の宇宙では、実効的な物理法則は変わっていてもいい。そういう並行宇宙もある。それぞれの宇宙という空間が生まれるときに、量子ゆらぎはいくらでも考えられる。永久インフレーションの場合、物理法則を共有するような宇宙から、共有しないような宇宙まで、何でもありです。ミクロのほうも、エヴェレットの多世界解釈というのは、量子論からの多宇宙論といってもよい。量子論的な並行宇宙です。

いずれにしても、物理学では、この多宇宙という概念が今重要になっています。それは理論ですが、理論は予言するものなのです。ですから、この宇宙における文明を考えると、我々という知的な存在とか、文明をきちんと考える必要があるということです。

それが文明の未来にどうかかわるのかというと、われわれはこの知性というものを使って、宇宙を理解した。そのノウハウを地球上での生き方に反映しないかぎり、この地球上でわれわれがどう生きていくかというノウハウは得られないからです。

五〇年くらい前にそういう考えを述べたのは、バックミンスター・フラー〔Richard Buckminster Fuller〕という人です。バックミンスター・フラーは、知性というのは宇宙の知識を学んで、統合的に判断することができる。その統合的知識を使ってノウハウを作っていく。そのノウハウ以外に、地球上でわれわれが文明を発展させていくということはできないのではないか、と言っています。まさに宇宙という物質界の理解を進めるというのが、ここまで紹介したような話です。宇宙の研究を通してわかったことが、地球を生きていくノウハウとしてどうフィードバックされるかということを考えなければいけないということです。

これはなかなか難しい。さらに言えば、物質世界的にはエントロピーが増大していく。宇宙がどんどん熱的平衡に向かい、それが終わりに近づくということの意味ですが、知性の働きというのは、エントロピーを減少させるということでもある。熱力学の第二法則は、エントロピーが増大するという時間の向きを示唆しています。これは、開放系と環境の間の、状態に関する情報の比較をする、ということによってでてくる概念ですが、そこに認識主体を入れたときに、この三者の相互関係で、エントロピー増大という時間の向きがどうなるのか。このことは、知性の存在に関する本質的問題です。

実は、熱力学の第二法則を意識と関係づけることによって時間の矢が生まれるというのが、このような議論からわかることです。このような意味でも、知性というものの存在の意味、知識が増大していくことの意味が何なのかという議論は重要です。知性がエントロピーを減少させていると考えると、この宇宙の物質世界ではエントロピーが増大するのだけれど、これが知性の存在によって相殺されれば、知性というものの役割が評価できる。宇宙の進化というのも、少し見方が変わってきます。こういうことの諸々を考えることが、宇宙の進化という観点から見たときの文明、というふうに、私は考えました。

最後に文明は何故発展するかを、「進化の本質を宇宙に探る」という観点から簡単に述べておきます。

宇宙の進化を身の丈サイズの現象として統合的に考えると、開放系の進化と考えることができます。開放系というのは動的構造とも言い換えられますが、環境とセットになった概念です。熱機関としてもとらえられます。それは環境とモノやエネルギーのやりとりをするということで、「流れ」によって特徴づけられます。わかりやすく言えば、流れが維持されているのが「生きている」という状態、流れが止まると、開放系は環境と同化して消滅します。これが「死」と表現される状態です。開放系はしたがって流動系であり、その流れがエネルギーによって駆動されているという意味で熱機関でもあります。

星も地球も生命も、人間圏も、この宇宙に存在する構造は、全て開放系です。この宇宙の開放系は、流れが効率化するよう変化していきます。それが進化（複雑化）と呼ばれる現象です。それはエネルギー流量密度という量で測れます。文明、すなわち人間圏が発展するのは、それが開放系であり、流動系であり、熱機関だからです。この観点からは、富とは流れを起こす能力といえます。文明は停滞が続くと滅亡します。それは直面する問題を技術革新によって克服することでしか乗り越えられません。文明は発展しない限り、滅亡する。それはこの宇宙の開放系の特徴ともいえるのです。

（二〇一七年十二月三日）

第二章　ヒトは生態系の破壊者か創造者か

湯本貴和

皆さんこんにちは。ご紹介いただきました湯本でございます。本日は大橋所長をはじめとした理事の皆さまに、このように大変意義深い会にお招きいただきましてありがとうございます。私は現在、京都大学霊長類研究所の所長をしているのですが、本来は植物学者です。今の職場では、霊長類の食べ物と住処の研究をしていると標榜しております。今日はどういう話をしたらよいのかと思っていたのですが、タイトルの通り「ヒトは生態系の破壊者か創造者か」という話をいたします。「ヒト」とカタカナで書くと「ホモ・サピエンス」つまり生物学で扱う存在で、「人間」という人文社会科学での存在とは少し違います。ここでは生き物としてのヒトと自然との関係についてお話をさせていただきます。

多少自己紹介めいたことから始めますが、私は大学院生の頃から、植物と「何か」他の生き物との関係を研究していました。最初は植物の花と昆虫の関係の研究を始めました。研究を始めるにあたって、まずなるべく人間の影響がないところで研究しようと思いました。当時の私は、生態系で人間は邪魔者であり、人間がいないところに本当の自然があるのだと信じていたのでしょう。そこで選んだのは、人間の影響の少ない高山植物群落でした。修士課程では、中央アルプス・木曾駒ヶ岳というところで夏に三カ月から四カ月、山小屋で居候しながら高山植物の花に来る昆虫の研究をしていました。しかしながら、高山植物はあまり面白いものではありませんでした。きれいだけど、標高が高いせいで動物はあまりいないし、立体構造がなくて平面上に花がズラッとあるだけで単調でした。これでは展望が持てないと思い、もっと複雑な生態系を扱いたいと思いました。本当は熱帯に行きたかったのですが、今から三〇年以上前は、まだ気軽に大学院生が外国で調査ができる時代ではありませんでした。そこで日本で一番いいところはどこだろうと見渡したときに、屋久島にたどり着きました。博士課程に進学したあとは、屋久島で花に来る昆虫の研究をしていました。そこで山極壽一総長と出会い「だったらアフリカにいこう」と誘っていただいて、山極総長が科研費で最初にチームを作って当時のザイール（現在のコンゴ民主共和国）に行くときのメンバーにしていただきました。その時が初の熱帯体験でした。そこではヒガシゴリラの研究に携わりました。今度は植物の果実とそれを食べて種子を運ぶ霊長類の研究になったわけです。そのあと、ザイールが国の体を保てなくなり、日本の研究者たちもみんなザイールにいられなくなって、南米・コロンビアのサルがどういう果実を食べてどういう種子を運ぶか、あるいは東南アジア・タイで果実を食べる鳥のなかでは世界一大きなオオサイチョウについて、同じような研究を始めました。オオサイチョウはどれくらい大きいかというと翼を広げて一八〇センチあります。巨大な鳥で、これが森の中で大量の果実を食べて、あちこちに種子をまき散らすという生態系での役割について研究をしていました。京都大学生態学研究センターに戻って、また花の研究を始めるのですが、マレーシア連邦のボルネオ島、熱帯雨林の中でも一番背が高い森林で、熱帯の花に来る動物の研究に加わりました。フタバガキ林の大木は最高で八〇メートルぐらいありまして、大部分の花は木の一番高いところに咲くわけで、木に登って研究する必要がありました。三十歳代は「木登り湯本」として一世を風靡していました。六十メートルぐらいの木を大体一五分くらいで登るのです。

そのあと、当時、文科省の直轄研究所であった総合地球環境学研究所に異動して、ヒトと人間の関係、つまりヒトがいかにして生態系と共存してきたのかという研究をおこないました。これはやや詳しく後述します。そして二〇一二年に霊長類研究所ではありますが京都大学に帰ってきて、コンゴ民主共和国でボノボの研究やガボン共和国でニシゴリラの研究を再開しました。最近はマレーシア連邦のサバ州でオランウータンの研究も始めました。オランウータンというと、みなさんはどんな山奥にいるのかと思われるかもしれませんが、実は大型類人猿というのは狩猟さえなければ意外と人里にもいます。アブラヤシのプランテーションがすぐそこに迫るところでもオランウータンはちゃんと生きていけるのです。

このように最初の私のイメージでは、人間を省いたのが本当の生態系であって、人間が入っているのは偽物の自然であると思っていたのが、だんだんと崩れてくるわけです。よく人間/自然の二分法といわれますけど、実は私たちが見ている自然はこの二分法が通じない、つまり生態系には人間も加わったのが自然である。純粋な自然というのは頭の中以外にどこにもないんだ。これが私の三〇年の経験で、次第に頭の隅々にまで染みてきた考えです。先ほど大橋所長からもありましたけれども、「アンソロポシン」、これは人新世という新しい地質時代を表す言葉です。かつて「完新世」が一番新しい時代のことで、氷河期以降を示す言葉としてありました。これよりさらに新しい時代として、人間が地球に大幅に関与する「人新世」という時代を考えざるを得ないという議論が始まりました。例えば二〇〇〇年後の地質学者というか、考古学者がどんどん発掘して、昔のことを調べたならば、コンクリートが出てくるでしょう。今の地質学者が地層を調べて、ナウマンゾウやアンモナイトを発見するように、二〇〇〇年後に学者が発掘して発見するのはコンクリートです。あるいはプラスチックかもしれません。ともかく明らかに人間がつくったものが発掘されるわけです。私たちがアンモナイトを発見したら中生代だと考えるように、二〇〇〇年後の学者がコンクリートやプラスチックを大量に発見したら西暦一九〇〇年代後半だろうと思うわけです。これが人新世の基本的な考えです。一七五〇年、いわゆる産業革命以降、人間は地球環境に大きく影響を与えてきたわけです。一番わかりやすいのは、地球温暖化です。二酸化炭素濃度は、これまでも地球規模で周期的に大きく変動してきたものですが、特に一九五〇年以降、明らかに増えて地球温暖化を引き起こしています。あるいは森林伐採や沿岸域の埋め立て、乱獲などによって、地球の歴史上「六回目の大絶滅時代」に突入しようとしている、さらには遺伝子組み換えなどによって新しい生物もできつつある。そういうことを考えると、現代は地質学的に新しい時代といえるだろうというのが、この人新世です。気候変動ですが、最終氷期最盛期というのが大体二万年前です。それから徐々に温暖化してきて、今急速に温暖化が進んでいます。これが自然のサイクルなのか、あるいは人間活動が影響しているのかが大きな論争となってきました。アメリカの産業界では、人間活動の影響を否定して自然が原因だと言い張っています。でもＩＰＣＣという気候を研究している専門家集団は、人間の影響が非常に大きいと結論づけています。

「六回目の大絶滅時代」でいうと、誰でも知っている動物としてはトラです。前世紀の初めにはトラには九亜種がいて、カスピ沿岸部のカスピトラや中国南部にいたアモイトラなどが分布していました。このうちの三亜種が完全に絶滅して、いまでは六亜種しか残っていません。トラは、体重二六〇キロで非常に大きな肉食獣です。森林などの生息域が減ってきているということもありますが、人が乱獲してしまうのが減少の大きな原因です。トラの骨は虎骨といって、リウマチの特効薬だと信じられていて、中国では今でも高価で売り買いされています。最近新聞に出ていたのが、「トラ牧場」なるもので、トラを繁殖させて、毛皮とか内臓とか骨なんかに解体して売りさばくというものです。そういう産業ができるぐらい、トラは価値があるとされます。地球温暖化も生物の絶滅を引き起こします。本来氷の上に住んでいるホッキョクグマが、氷のないところに出没する。北極の氷がだんだん解けてきていて、ホッキョクグマが住みにくくなっています。二〇五〇年で地球温暖化のシミュレーションでは最低の上昇率、つまり〇・八度ぐらいの上昇率でも一八パーセントの生物種が絶滅に瀕するし、二度以上の大きな変化があれば三五パーセントもの生物種が絶滅に瀕するという深刻な予測があります。このような現在の生物の絶滅率が、過去に比べて百倍以上、将来それが一万倍くらいになる。これがまさしく六回目の大絶滅です。

ちょうど『現代思想』の二〇一七年十二月号がまさしく人新世がテーマでした。私は話す内容を決めた後に、この雑誌を見つけたのですが、その中で興味深いのは人新世が資本世である、つまり人新世での大きな変化は人類全体の責任ではなく、資本主義の高度経済成長を遂げた国々の責任であるという考えです。地球温暖化は、日本を含め西洋諸国の発展した工業国に責任があるので、アジア・アフリカ・南米の人々には責任がないのだという、これまで国際会議で主張されてきたのと同じ論理ですが、人類全体の責任だというとむしろ資本主義の責任を覆い隠してしまうのではないか。これは「暗い人新世」とここで呼んでおきますが、将来予想がとても悲観的な人新世です。しかしここでお話しするのは、資本主義のなかの人間の話ではなく、むしろヒトというホモ・サピエンス自体に自然を大きく改変する力があったのではないかという話です。

アマゾンの話をしましょう。アマゾンは非常に広大な熱帯雨林ですけれども、昔からかなり大掛かりな集落をつくる人たちが住んでいました。いわゆる先住民社会で、文明を知らない人たちといわれることがあります。この集落の周りには、たとえば果樹園などがあります。魚を獲る大がかりな土木工事を伴う仕掛けもあります。自分たちの食べ物を得るために、自然を改変して作ったものです。先住民社会でも、狩猟・採集をしながら、自分たちの食べ物を効果的に得るために自然を改変していることがだんだん分かってきたのです。そして一〇キロというスケールの遺跡が、現在の衛星情報から見つかってきました。大きな集落が長期に続くと、病気が発生したりゴミがたまったりして、棄てられ、人々は移動していきます。その結果として、アマゾンの奥の方にもヒトのつくった遺跡が残っているのです。そういう遺跡では、ヒトが使う有用植物が高い密度で繁茂しています。アマゾンにいると、ヤシの仲間が非常に豊富で、アジア・アフリカの人たちが想像できないくらい、たくさんの種類のヤシを日常的に使っています。そういうヤシがやたらと多い場所はかつての集落跡である可能性が高いです。今でもアマゾン川を船で航行していて、森にヤシが増えてくると、人里が近いとわかります。そういう研究が最近、進んでいるわけです。だからアマゾンといえども、人間が一万年以上前からインパクトを与えているということが分かる。

地球温暖化にしても同じで、ルディマンの仮説というのがあって、温暖化はとっくの昔に始まっているというものです。地球の自転や公転の周期から計算すると、八〇〇〇年前からすでに氷河期が始まっているのだという考えに基づいたものです。そういえば私が子供の時には、そのうち地球は氷河期になるから、みんな凍えてたいへんなことになると脅されていました。その地球氷河期再来説がそのうち地球温暖化説になったのですが。ルディマンの仮説によれば、氷河期再来説も正しくて、八〇〇〇年前から氷河時代に向かっているのだが、人間活動が地球を温めているのだとしています。八〇〇〇年前というのは農耕が世界的に広がった時期なのですが、農耕で森を伐採し、焼畑耕作もしますから、二酸化炭素濃度が上がってきて、地球の寒冷化を相殺してきた。だから本当はもっと寒くなっていたはずのところを、人間活動で地球を温めている。地球温暖化はすでに農耕開始の時から始まっているというのがルディマンの仮説です。人新世が始まる一九五〇年というのは、現在の経済活動につながる産業革命が起こり、そこから劇的に二酸化炭素濃度も上がるのですが、実はそれ以前の農耕時代、それは牧畜も含みますが、その時代から温暖化は始まっているのだというのがルディマンの考え方です。

そもそもヒトの起源はアフリカです。二〇〇万年ぐらい前の猿人および初期の原人はアフリカだけにいました。それが一五〇万年ぐらい前、原人になるあたりで、アフリカからユーラシア大陸に進出しました。さらに現在までずっと広がり続けてきたわけです。五万年前にはオーストラリアに達しました。一万四〇〇〇年ぐらい前にベーリング海を渡り、一万三〇〇〇年前には南アメリカの最端部にまで達しています。意外と海への進出が遅いです。まず航海用の船の発明が要るし、あるいは航海術、さらには持っていける食べ物の制限もあって、海への進出というのはずいぶん遅れます。それでも三〇〇〇年ぐらい前には海洋進出を果たしている。その結果、ヒトはミクロネシアやポリネシアにまで世界中に広がります。一万年前の前後には農耕も始まっていますが、このホモ・サピエンスの移動が地球にどのようなインパクトを与えたか。このホモ・サピエンスが地球上に拡散していく時代、ヒトの移動と大型哺乳類の属の絶滅は連動しているという研究があります。大型というのは体重四五キロ以上、およそ人間並みです。人間並みの大きさの哺乳類がどんどん絶滅していくのと、ホモ・サピエンスの移動には関係があるのだという説です。ホモ・サピエンス以前の原始人類・初期人類の段階では、もっと多くの大型哺乳類と共存していたに違いない。ところが現生のヒトが移動するにつれて、大型哺乳類をどんどん絶滅させていったのだという考え方です。この時代は同時に気候変動も伴っていますから、気候変動によって絶滅するのと、直接人間によって滅ぼされるのとは区別する必要があります。ヨーロッパでは気候変動が大型哺乳類を滅ぼしたが、北米とオセアニアでは人間が滅ぼした可能性が高い。アジアでは、ギガントピテクスという大型で地上性のオランウータンが一〇〇万年くらい前から二〇万年ぐらい前までいました。歯の化石が北京原人の遺跡から出てくるのですが、ギガントピテクスは絶滅しました。人間はこの時代でも、道具を使って狩りをしていたことははっきりしていますから、地上をのそのそ歩いているギガントピテクスは恰好の獲物になったと考えられます。またアジア・アフリカにセンザンコウという動物がいて、とてもおいしいのですが、硬い鱗があって防御として玉状に丸くなります。丸くなるとライオンもヒョウも歯が立ちません。しかし人間にはナイフがあります。金属のナイフがなくても石器があります。丸まっているセンザンコウでも、殺して食べることができます。体重が三〇キロから五〇キロの大型センザンコウは、四万年ぐらい前に絶滅します。オーストラリアでみますと、今だとウォンバットという地上性のコアラの仲間がいるのですが、二万年前には数トンという体重のウォンバットがいました。もともとオーストラリアにはライオンやヒョウといった大型の肉食動物はいないので、ウォンバットのような動物はのびのびと暮らしていたはずなのですが、五万年ぐらい前にヒトが入って、大きな動物はことごとくヒトに食い尽くされてしまった可能性が高いです。もっとはっきりした例としては、十七世紀にマダガスカルで絶滅したエピオルニスです。これは非常に大きな飛べない鳥で、体長三・五メートル、体重五〇〇キロです。今はもう卵と骨の化石しか残っていませんが、十七世紀の大航海時代の中で絶滅している。あるいはニュージーランドのモアです。ジャイアントモアという、エピオルニスと同じくらいの大きさの飛べない鳥でした。ニュージーランドもマダガスカルもオーストラリアと同じで、ライオンやヒョウといった大型の肉食獣がいないところです。だからこのジャイアントモアも人間が食べて滅ぼしたみたいです。大航海時代に島々にヒトが入って、それが原因でいなくなった大型の動物は他にもたくさんいます。

また身近な動物に話を戻します。中国大陸ではゾウが三〇〇〇年ぐらい前にはずいぶん北のほうまで分布していました。それが今は雲南省のシーサーパンナというタイとの国境付近にしか残っていません。中国の場合には古文書が残っていて三〇〇〇年前からの記録がありますが、ゾウは象牙が昔から珍重されてきましたし、おそらくはゾウの肉も使われてきたのでしょう。歴史が新しくなるほど、どんどん分布が狭くなってきたことが歴史資料でわかります。今日は詳しくお話ししませんが、サイもアジアに広い範囲で分布していたのですが、今ではスマトラサイもジャワサイも数十頭しか残っていません。

それで私は植物学者なので、そういう大型動物の絶滅が森林にどのような影響を与えるのかという研究に興味があります。特に大型哺乳類が関係しているのは、植物の種子散布です。動物には果実を食べて、その種子を運ぶという役割あるいは生態系での機能があるのですが、その機能が失われると森がどう変わるのかというのが私の研究のひとつなのです。植物が種子を散布させる方法はいくつかあって、熱帯林では六〇パーセントから九〇パーセントの樹木で動物が種子を運ぶ方法をとっています。ですから動物がいなくなることが森林に与えるインパクトは少なくないはずです。アフリカでは、山極先生とゴリラの研究に行って、でも熱帯雨林のゴリラはほとんど直接観察できず、かわりにゾウを研究していたのですが、この地域の森にはとても大きな果実、たとえばとても堅くてカボチャよりも大きな果実があって、とても人間の歯では割れない。こういう果実は誰が食べるのだろうと調べていると、それはゾウが食べるのです。赤ちゃんの握りこぶしぐらいの種子もあります。その種子はボールペンよりも大きな芽生えになるわけです。この後、私はアジアも南米も何回も行くことになりますが、こんな大きくて堅い果実や種子をもつ植物はないわけです。アフリカにおいて森林性のゾウが絶滅した場所では、そのような果実は誰も食べなくて、落ちて腐っていくだけです。そのような森、つまり森としての外見は保っているけれど、本来いるはずの動物がいない森が増えています。これを私たちは「空洞化した森林」と呼んでいます。もともといたはずの動物、アジアであればゾウ、テナガザル、ニホンザルの仲間、さらにはシカがいてサイチョウもいるのが本来の姿なのです。しかし森が分断化され、動物が捕獲されるようになると、大きな動物からいなくなります。まずゾウがいなくなって、次にテナガザルがいなくなる。さらにはサイチョウがいなくなると、森としては残っているけれども、そこにいたはずの動物、種子を運ぶ動物もいない森になるわけです。最後に残るのはネズミとリスで、もともとは大型の動物に運ばれるように適応したような種子が、小さい動物しかいないところでは運ばれなくなるわけです。その結果、そういう植物は子孫を残すことができません。だからまだ健全な林に見えるのだけれども、次の世代は更新していません。例えばボルネオ島では、天然の森にジャックフルーツの仲間で大きくてとてもおいしい果実があります。もともとオランウータンが食べていたはずの果実なのですが、オランウータンが森から消えていくと、食べる動物がいなくなってしまいます。その果実はとてもおいしいのに、誰も食べる動物がいないので、親木の下にぽとっと落ちてその種子はそのまま発芽して全部死んでしまいます。芽生えの死亡率がとても高い親木の下から離れるのが、種子散布の最大の役割だからです。これはもともと熱帯雨林を作ってきた力が、大型の動物がいなくなることによって失われ、いまのような種の多様性が維持されるかが危ぶまれる状態であるということです。

では日本の森林はどうなのか。私は総合地球環境学研究所に異動して、日本列島の人間と自然との関係を研究しました。ご存知のとおり、日本の森林は北方に針葉樹林があって、本州の東北から中部にかけては落葉樹林があり、京都を含む西南日本には照葉樹林という異なるタイプの森林があります。それが二万年前の旧石器時代、最終氷期最盛期では一つずつゾーンが南にずれていて、京都のあたりでは落葉樹林になり、照葉樹林は九州南部まで下がっていました。東北日本にはカムチャッカ半島に現在あるようなカラマツやトウヒの仲間からなる森林がありました。旧石器時代の人たちは、東北日本ではカラマツやトウヒの森に住んでいたわけです。二万年以降、地球が温暖化して、縄文時代は今と同じあるいは今よりも暖かくなってきました。三内丸山という青森県の非常に大きい縄文の遺跡で花粉分析をすると、縄文時代はクリの花粉だらけになります。ヒトの遺跡がないところでは、ブナとナラの花粉しかでてきません。このクリはどういう由来のものなのかが昔からのテーマだったのですが、結局クリは人間が管理したもので、自然に生えるものではないという結論になりました。この自然のものでないクリが森をつくるというのはさっきのアマゾンの話と似ていますが、縄文時代には三内丸山遺跡の集落の周りには、有用植物であるクリの林が人工的に造られたようです、ヒトがクリ以外の樹木を選択的に薪などに使って、クリだけを残すような過程を私たちは想像しています。旧石器時代から、縄文時代、古墳時代と大きな気候変動がありました。旧石器時代から縄文時代へ変わるところでは気候変動の影響で大きく森林が変わったのですが、そのあとの森林の変化は、狩猟・採集時代といえどもヒトが自然に働きかけて変えていったことが分かってきています。それを私たちは「縄文里山」という言葉で呼んでいます。弥生時代以降は稲作が開始され、特に西南日本では大きな水田が広がり、それに伴う森林の変化があって今のような里山ができるのですが、狩猟・採集時代においても縄文里山ともいえる人間が改変した自然があったらしいことが、花粉分析の研究でわかってきたわけです。

里山という言葉は最近よく聞きますが、ずいぶん新しい言葉で一九七四年に京大農学部にいらした四手井綱英先生が初めて里山という言葉を使ったようです。四手井先生による里山は、農家の人たちが農業を営むために必要な物資を得るために改変した、いわゆる農用林のことです。その後、やや定義が拡張されて、昔から薪や柴をとったり、炭を焼いたり、落ち葉を掻いて肥料にしたり、葉のついた枝や低木を切って刈敷にしたり、山菜をとったりというように、さまざまな形で人間が繰り返し繰り返し利用してきた自然、つまり人間が作ってきた自然がいまの里山という概念です。私たちの身の回りにある里山は、こうして長い時間をかけて作られてきた自然なのです。その里山が一九九〇年ごろから脚光を浴び始めました。というのは、かつてはどこにでもいたはずの動物や植物たちがいなくなっている。例えば、メダカが絶滅危惧種であるという話はお聞きになったことがあると思いますが、これまで当たり前にいた動物たちが減ってきた。それが残されてきたのが里山であるという、里山再評価あるいは里山再発見の議論が出てきました。それまでは保全上では原生林こそが重要で、里山はどこにでもあるから価値がないとされてきたのですが、実はその里山すらも貴重になってきたのが高度成長期以降なのです。ですから原生林は当然、大事であるけれども、里山も同じくらい大事であるという議論が始まってきたのが、一九九〇年代です。毎朝七時からのBSのNHKプレミアムでは、「ニッポンの里山」という番組がありました。ここで繰り返して語られる美しい里山、自然との共存の里山というイメージはこのころからのものです。カタクリやフクジュソウなどは、もっともっと身近にあったのですが、今では限られた里山にしか残っていません。

京都盆地を例にだすと、もともと現在の気候では照葉樹林のはずです。しかし、京都に京城ができて、照葉樹林が伐られて薪になったり材木になったりして、再生林であるアカマツ林になりました。さらに都市人口が増加し、森林の生産量にくらべて消費量が大きくなると、アカマツ林もはげ山になる。それが治山治水の施策によって明治以降に回復してきて、戦後の燃料革命で薪炭が使われなくなったために照葉樹林に戻っているというのが今の京都です。これを花粉分析で見ると、平安京ができたころからマツが増えてきて、それまで多かった照葉樹林のカシが減ってきます。江戸時代になってその傾向が加速します。京都は平安時代にはマツタケの産地として知られていましたが、それはマツが増えたときの話でした。もともと平安京では、寺院や宮殿に大量の木材が使われて、本来の照葉樹林にはコウヤマキやヒノキなどの針葉樹の大木があったはずですが、それらの木材資源は比較的早い段階で枯渇しています。一五〇〇年代の「洛中洛外図屏風」では、マツ林が背景で、タカがキジを追っている様子も描かれています。キジという鳥は森林性ではなく、草地や柴山に住む鳥です。だから東山はキジがたくさん住める草地や柴山だったということが分かります。一八〇〇年の初めに描かれた別の絵画では、比叡山まではげ山が広がっている様子が分かります。

この森林の荒廃には森林資源を肥料や燃料に使ってきたことが関係しています。刈敷とは、人が樹木から枝を刈り、それを田に馬などで敷きこむような使い方です。化学肥料が全くない時代で、金肥と呼ばれる、魚から油を搾ったカスとかは、おもにワタなどの商品栽培で限定的に使われるだけ。普通の田畑は、刈敷という刈り取った枝、あるいはあとで申し上げる、刈り草などを肥料として使っていたわけです。地力を保つためには、田の一〇倍ぐらいの面積の刈敷が必要だったという計算があります。その結果、一九〇〇年ごろには、とくに西南日本一帯ではげ山が広がっていました。また国土地理院の地図で丹念に復元すると、荒地と呼ばれる草地がかなりの面積を占めていたことがわかります。こういう時代から現在に至るまで、だんだんと荒地がなくなって、森林がどんどん増えてきます。日本の気候だと、草地は放っておけば木が生えてきて、森になってしまいます。草地が維持されているところは、人間が森になるのを妨げているのです。おもには野焼きによって草地を維持します。何のために草地を維持するかというと、刈り草として田畑の肥料として使いましたし、茅葺きの屋根材として草は非常に需要がありました。あるいは家畜の餌もそうです。草地の草が非常に価値のあった時代が長くありました。そのため草を採るために、森にならないように人間が火を入れて草地を維持してきたわけです。実は草地にしか生きていけない植物もいて、ひとつの例はヒゴタイです。熊本県、山口県、長野県など、日本ではごく局所的にしか分布していなくて、その分布はどのような気象要因でも説明できません。人間が長い間、途切れなく火を入れて、草原を維持したところにだけに分布しているのです。この植物は、草地が永続的に維持されてきた生き証人といえます。今は、草にほとんど経済的な価値がないので、火入れも行われなくなってきました。またマツ林は、戦後の松枯れ病の蔓延で衰退していきました。過去二〇〇〇年で、日本では現代が最も国土に森林がある時代になっています。

動物の話を少しだけしますと、人間が縄文時代以降、日本列島で滅ぼした中大型哺乳類はオオカミとカワウソだけです。オオカミの存在は非常に意味がありました。おもに関東地方で「四足除け」

というお札があります。農家がオオカミの神社からいただいてくるのです。「四足除け」は獣害対策のことです。オオカミが獣害対策に重要だということは、江戸時代の人たちも認識していたわけです。また大正から昭和二十八年のあたりでサルの分布が大きく縮小する時期がありました。明治の終わりから、大正、昭和という時代は、日本が戦争していた時代です。そのなかで毛皮は軍需物資として非常に重要でした。北の国を相手に戦争していて、今のような便利な化学繊維は発明されておらず、防寒には毛皮しかなかったのです。そこで狩猟人口も増えて、さまざまな哺乳類が激減しました。今はシカやイノシシが爆発的に増えていていますが、本来の密度を回復させている過程にも見えます。

日本の歴史をみても、時代によって人間に必要とされる自然の役割があって、人間は望ましい便益を得るように自然を改変しています。ちょうどアマゾンの人たちがアマゾンの森をつくり変えているのと、規模はさまざまですが人間としては同じです。自分たちのために自然を作り変えていくというのが、ヒトのヒトたる所以、ヒトが現在地球上で繁栄している理由だと私は考えています。自然の中には人間にとって不都合なことも多々あって、現在、シカやイノシシが増えて農作物を荒らすので、いったん撲滅したオオカミを再導入したいという話があります。けれども、子供たちの通学路にオオカミがうろついていたら困ります。人間が人間のために自然を作り変えるときには、複雑な生物間の相互作用をよく見極める必要があります。

「暗い人新世」ではなく、「明るい人新世」を考えるときに、とても実現しているとはいえませんが、ある理想的な「自然と人間の共生」の姿を思い浮かべることになります。よいイメージの里山はその一例です。持続的な生物資源の利用の知恵、それに伴う生態系管理や資源管理の知恵が、伝統的な土着の知恵にあるわけです。そこでは、ひとつの生態系機能に偏らない自然の利用を考えてきた歴史があります。アブラヤシのプランテーションが非難されているのは、そこでは換金植物のアブラヤシの実しか採れないからで、他の生態系の機能が発揮できない自然に作り変えているからなのです。そうではない、オランウータンも住めるようなアブラヤシの栽培も考えようによってはあるはずで、その先には環境負荷が低く、しかも豊かな生活があるに違いないと信じています。グローバルに展開して世界中でダンピング競争を強いられる経済ではなく、地産地消やスローフードなど地域の生態系の機能を最大限に生かす、いわゆる伝統的な生活にあったはずの知恵に参照すべきものがたくさんあると私は思っています。それは昔に帰れということではなく、現代のテクノロジーを便利に使いながら伝統的な知恵を発展的に継承する道です。ご静聴、ありがとうございました。

（二〇一七年十二月三日）

第二部　文明の生成

第三章　近代文明の生成と海

川勝平太

文明の生成

古代の四大文明は、数千キロメートルにわたって大地を洗いながら滔々と流れる大河（チグリス・ユーフラテス河、ナイル河、インダス河、黄河）の流域に隆盛しました。近年、長江流域にも古代文明が存在したことが実証されており、「五大文明」といわれるようになりました（安田喜憲・梅原猛『長江文明の探究』新思索社、二〇〇四年ほか）。これらの大河の濫觴はユーラシア・アフリカ大陸の脊梁山脈や大高原にあります。大河の起こす洪水は流域の大地を肥沃にし、人類はそこに農耕文明を築きました。四大文明は麦作文明であり、長江文明は稲作文明です。麦作も稲作も基礎は大地であり、五大文明が陸地文明であることを、まず確認しておきます。

世界最初の近代文明はヨーロッパに勃興しました。国を特定すれば、世界最初の近代文明はイギリスに誕生し、アジア最初の近代文明を担ったのは日本です。イギリスと日本は島国です。イギリスはユーラシアの西端に浮かぶ諸島（the British Isles）であり、日本は東端に浮かぶ列島（the Japanese Archipelago）です。近代文明の経済基盤は、農業を基底にし、人類の歴史とともに古いとされる「交換（商業）」を必要条件にし、軸足を「物づくり（工業）」に移した文明です。原料を海外から輸入し、それを自国で加工し、製品にして海外へ輸出する経済システムを構築することによって富を築いたのがイギリスと日本です。海・陸の絡みでいえば、人類の文明は、古代から近代にいたる過程で、舞台を大陸から海洋へと移しました。古代文明は陸地文明であるのに対し、近代文明は海洋文明だということです。

海洋文明の前史を世界史観点から捉えた二人の偉大な歴史家の作品があります。二十世紀前半の最高の歴史家ベルギーのH・ピレンヌ（一八六二―一九三五年）の『ヨーロッパ世界の誕生――マホメットとシャルルマーニュ』（創文社）と、後半の最高の歴史家フランスのF・ブローデル（一九〇二―一九八五年）の『地中海』（藤原書店）です。マホメット（五七〇頃―六三二年）はイスラム教の創始者であり、シャルルマーニュ（七四二―八一四年）は、EUの通貨に肖像が描かれているように、キリスト教文化圏としてのヨーロッパのシンボルです。「マホメットなくしてシャルルマーニュなし」というのがピレンヌ・テーゼです。ヨーロッパは、イスラム教文化圏と対峙することによって、キリスト教圏としてのアイデンティティを獲得した、とピレンヌは論じたのです。

イスラム教の勢力は急速に東西両方向に拡大しました。西方への拡大は古代ローマ帝国が「我らの海」としていた地中海を「イスラムの海」に変貌させました。ヨーロッパのキリスト教圏は陸地に封じ込められ、土地所有に基礎をおく封建制を発達させました。キリスト教圏が地中海を取り戻す試みは第四回十字軍（一二〇二―〇四年）の頃から始まります。ヴェニスが主な窓口となって「商業の復活」（ピレンヌ）が起こり、ヴェニスはイスラム教圏、特にオスマン・トルコ帝国との「東方貿易」の実利を得て隆盛しました。しかし、最終的にはキリスト教圏とイスラム教圏（オスマン帝国）との戦争になりました。

戦争のクライマックスが一五七一年のレパントの海戦です。そのような地中海をめぐる中世から近世に至る歴史を扱ったのがブローデルの『地中海』です。レパントの海戦におけるキリスト教圏の勝利をブローデルは達意の文章で活写しています――

対峙するキリスト教徒とイスラム教徒、この時、どちらも驚きの色に染め上げられながら、相手の兵力を数えあげることができた。トルコ側は戦艦二三〇隻、キリスト教国側は二〇八隻。キリスト教国側は大勝利をおさめた。トルコ側は三〇、〇〇〇人以上の死傷者と、三〇〇〇人の捕虜を出した。ガレー船の漕ぎ手として働いていた一五、〇〇〇人の徒刑囚が解放された。キリスト教徒側は、一〇隻のガレー船を失い、死者八、〇〇〇人、負傷者二一、〇〇〇人を出した。戦場と化した海は、戦っている人々には、突如、人間の血のように見えた。キリスト教世界の現実的な劣等感に終止符が打たれ、それに劣らず現実的なトルコの優位が終わりを告げた（浜名優美訳、抄録）。

事実、レパントの海戦の後、地中海の支配は東西に分断され、東地中海はイスラム教圏に、西地中海はキリスト教圏になりました。ブローデルはレパントの海戦とその後の動きを追いながら、歴史家としての彼の目は、海戦を契機に、歴史の舞台が地中海から大洋に拡大し、中世が終わりを告げて近世の幕が開ける新時代を見据えていました。

ピレンヌとブローデルが、それぞれヨーロッパにおける中世への移行と中世から近世への移行を、イスラム教圏とキリスト教圏との拮抗という視点から捉えたのは示唆的です。それは西洋史を把握するには、キリスト教圏の域内だけの出来事を追っているだけでは不十分であり、東方のアジアを視野に入れなければならないということです。イスラム教の勃興以降は、キリスト教圏とイスラム教圏の双方を視圏に捉えることが重要だということです。

近世（十六—十八世紀）の世界史の表舞台は地中海ではなくなります。地中海の両端には大洋が広がっています。西はジブラルタル海峡を抜ければ大西洋、東はスエズ地峡（後にスエズ運河開削）を抜ければ紅海・アラビア海からインド洋へと通じています。キリスト教圏は環大西洋に広がり、イスラム教圏は環インド洋に広がって、両者が対峙するという関係に拡大しました。

実際、環大西洋圏は、西アフリカがヨーロッパ・キリスト教圏の勢力下に入り、アメリカ大陸はヨーロッパ移民が先住民をキリスト教へと改宗させ、キリスト教圏の色合いを濃くしました。一方、環インド洋圏は、中東から東アフリカにかけてイスラム教が普及し、インド亜大陸はイスラム系ムガール帝国（一五二六—一八五八年）の支配にはいり、マレー半島からインドネシアに至るまで、イスラム教に染め上げられました。環インド洋圏は「海洋イスラム」と呼ぶことができます。大西洋とインド洋との対抗は、西地中海と東地中海とにおけるキリスト教圏とイスラム教圏との拮抗の拡大版であり相似形です。

中世～近世を通じて、経済力はキリスト教圏よりイスラム教圏が上まわっていました。それは物流を見れば分かります。文物はイスラム教圏からキリスト教圏へと流れ続けました。その見返りとしての対価に、ヨーロッパは金銀財宝を充てていました。金銀財貨は「海洋イスラム」の環インド洋圏（当時「東インド」と呼ばれた）へと流出しました。キリスト教圏はイスラム教圏に対する継続的負担（貿易赤字）に苦しみました。中南米で発見され、またアメリカの先住民から略奪した金銀財宝は、大西洋の波濤を越えてヨーロッパに運ばれ、一部は同地に留まって価格革命（価格の暴騰）を起こしましたが、大半は「海洋イスラム」へと流出しました。物は東から西へと流れ、反対に金銀は西から東へ流れるという構造は、近世期を通じて変わりません。

近世から近代へ移行を特徴づけるのは、キリスト教圏が「海洋イスラム」から徐々に離脱して、島国イギリスに世界史を新たに開く海洋文明が勃興してくることです。その見取り図については、拙著『文明の海洋史観』（中公文庫）、『近代文明の誕生』（日経ビジネス人文庫）、『資本主義は海洋アジアから』（日経ビジネス人文庫）、『「鎖国」と資本主義』（藤原書店）などで記述しました。以下はその要点です。

キリスト教圏では、イスラム教圏への依存から脱却するために、海洋イスラムからの輸入物産、たとえば砂糖やコーヒーはアメリカに移植して自給化を図り、あるいはアメリカ大陸に自生していた木綿を原料にし、それをイギリスに運んで加工して製品にし、また労働力は西アフリカから奴隷としてアメリカに輸送し、大西洋を股にかけたキリスト教の圏域で自給する方向に動きました。それは次第に効果をあらわし、アフリカ―アメリカ―ヨーロッパを結ぶ三角貿易からなる「環大西洋経済自給圏」が形成されました。そのことによって、キリスト教圏はイスラム教圏への経済的依存から脱したのです。近世から近代への移行とは脱アジア（脱イスラム）の過程であったといえます。

アジア文明からの自立はキリスト教圏のイスラム教圏への優越感を醸成しました。しかし、両者の軋轢は、アメリカ合衆国を中心とする欧米諸国とISやイラン・イラクとの間の軋轢に見られるとおり、現代まで尾を引いています。「脱亜（脱イスラム）」を決定的にしたのがイギリス産業革命です。イギリス産業革命で「最初の工業国家」が出現し、世界史は近世から近代へと移行しました（P・マサイアス『最初の工業国家』日本評論社）。

翻って、東アジアは独自の文明空間です。特に東北アジア三国（中国・韓国・日本）はキリスト教にもイスラム教にも染まらず、古来、中国文明の影響下にありました。南宋（一一二七―一二七九年）から清代（一六一六―一九一二年）初期に――沿岸の中国住民を内陸に移す遷界令（一六六一年）の頃まで――東シナ海・南シナ海は、その名の通り、中国の華中・華南の商人が往来するシナ海であり、インド洋を「海洋イスラム」と形容したことと対比させると、「海洋中国」と呼ぶことができます。海洋中国とは海外に活路を見出した「華僑」の活躍した海域といえば分かりやすいでしょう。

海洋中国の経済圧力を最も受けたのは日本です。というのも、日本列島では、中世末期から近世にかけて、未曾有の金銀銅山の開発が進み、その産出高はアメリカで見出された金銀の産出量に勝るとも劣らないものでした（小葉田淳『日本鉱山史の研究』岩波書店）。戦国時代から江戸時代初期の日本はまさに「黄金の国」でした。

しかし、日本産出の金銀銅の大半は、中国の物産（木綿・生糸・砂糖・陶磁器・漢籍等のほか、中国商人やオランダ人のもたらす東南アジア・南アジアの物産、遠くはアメリカ原産のイモ等）の購入に充てられ、その見返りの金銀銅は「海洋中国」に流出し、主に中国に吸収されました。清朝の康熙帝時代の銅銭の原料はすべて日本銅であったことからも、日本銅の流出の規模がいかに大きかったかを推量できるでしょう。

キリスト教圏が海洋イスラムからの経済圧力に対抗したのと同じように、日本では、金銀銅の流出を食い止めるため、正徳新例（一七一五年、海舶互市新例ともいわれる）を発令し、宮崎安貞『農業全書』、『百姓伝記』（ともに岩波文庫）のほか、数多くの農書が刊行されて輸入品の国産化が推進されました。八代将軍徳川吉宗（将軍在職一七一六―四五年）の国産化奨励策は十八世紀前半でも道半ばであったことを示しています。それが成功するのは十九世紀です。それは「鎖国」という言葉が広まるのと軌を一にしています。

「鎖国」という用語は、志筑忠雄がケンペルの『日本誌』の一部を翻訳した一八〇一年に生まれたものです。それ以後、人口に膾炙しますが、それ以前は、日本の為政者は朝鮮王国と琉球王国とは「通信（外交の意）」、オランダと中国とは「通商（貿易の意）」の用語で捉えており、「鎖国」の観念をもっていなかったのです（R・トビ『近世日本の国家形成と外交』創文社）。名実ともなう「鎖国」の完成は十九世紀前半です。それは自給経済圏の確立にほかなりません。

「海洋イスラム」と「海洋中国」とを総称して「海洋アジア」と呼んでおきます。海洋イスラムと海洋中国が出会うのは東南アジア海域です。東南アジアは、たとえばフィリピンは世界で最も多くの島からなり、インドネシアはそれに次ぐ島数をもち、全体は多島海です。インドシナ半島も海と関わっており、たとえば、タイ（シャム）のアユタヤ王朝の首都アユタヤはチャオプラヤ河を通して海に通じる「港市」でした（石井米雄『タイ近世史研究序説』岩波書店）。マレー半島のマラッカもヴェトナムのフエも同様です。日本人の東南アジアにおける活動領域はほぼ中国人のそれと重なり、東南アジアにおける日本人町には隣接してチャイナ・タウンがありました（岩生成一『南洋日本町の研究』『南洋日本町の研究続』岩波書店）。

中世から近世への移行をもたらした淵源は、十六―十七世紀の海洋アジアです。海洋アジアのどこが中心なのかというと、東南アジア海域です。なぜ、東南アジア海域が中心であったのかというと、世界史上初めて、数多の民族が東南アジアに蟻集《ぎしゅう》し、互いに海域で入り混じりながら交流したからです。当時の東南アジア海域は世界性ないし国際性（正確には民際性）をもっていました。なぜ東南アジアに歴史上に例を見ないほどの多数の諸民族が集まったのか、それは人類史的な危機に対処するためでした。

少し具体的に云うと、十四世紀半ば前後からユーラシアは疫病（黒死病）の襲来に悩まされていました。ヨーロッパや中東では人口の三分の一が失われました。東アジアでは十四世紀に王朝の交代が起こり、元（一二七一―一三六八年）末から明（一三六八―一六四四年）初にかけて人口は半減したと推計されています。日本では南北朝の内乱期に当たり、網野善彦はその時期を「（日本）民族史上の大転換」と呼んでいます。「十四世紀の危機」はユーラシアの東西全域に及んでいました。危機の原因は、気候の寒冷化が指摘されていますが、最大の要因は黒死病です。ヨーロッパと中東では黒死病に薬効があると信じられたのが胡椒・香辛料でした。それは海洋アジア、なかんずく東南アジアの島々の物産でしたから、東南アジアの多島海にあらゆる民族が蟻集したのです。

十四世紀から十六世紀にかけて、海洋アジアは異なる諸民族が来航し、民族の坩堝《るつぼ》の様相を呈していました。今日の東南アジアに世界の大宗教（キリスト教、イスラム教、ヒンズー教、仏教、道教、儒教）が共在しています。それらの宗教をもつ諸民族が東南アジアに来航し交易に従事したからです。

この時期の東南アジアをオーストラリアの歴史家アンソニー・リード（一九三九—）は「商業の時代」という用語で捉えています（*Southeast Asia in the Age of Commerce 1450-1680*. タイトルの直訳は「商業時代の東南アジア、一四五〇—一六八〇」。邦訳名は『大航海時代の東南アジア』Ⅰ・Ⅱ、法政大学出版局）。当時の東南アジア多島海では異なる諸民族の間では目立った戦争もなく（ヨーロッパ人同士のアンボイナの虐殺などの例はあるものの）、交易が「自生的秩序」のもとに自由活発に行われており、いわば自由貿易を理想とする現代の世界経済の原型といえるものであり、私は十五—十六世紀の東南アジアを「プロト世界経済 Proto world-economy」と呼んでいます。

東南アジアを淵源とし、そこから四通八達する海上の道にのって、様々な物産・文化・情報が行き交い、流れ出ていきました。物流の波は西北端のイギリス諸島と、東北端の日本列島の岸辺にも達しました。巨大物流の波濤を浴びた二つの島国からは、引き潮にさらわれるように、膨大な貨幣素材が流出しました。貨幣素材の大量流出は二つの島国の経済を圧迫し、それへの対処としてイギリス政府は十八世紀初期には、例えばキャラコ（インド木綿）の輸入禁止法や使用禁止法を導入しましたが、密輸が横行し、根本的対策を迫られました。その処方箋になったのがアダム・スミスの『国富論』（一七七六年）です。アダム・スミスは、重商主義（商業）を脱却し、「見えざる手（神）」を信じて、個々人の自由な創意を尊重する「分業」による物づくりの有効性を説きました。それが現実の形になったのが世界最初のイギリス産業革命（the Industrial Revolution）です。

日本も同じく金銀銅の流出に苦しんでいました。日本における物づくりを、産業革命との対比でいえば、「勤勉革命 Industrious Revolution」（速水融の命名）です。イギリス産業革命は資本集約・労働節約型の物づくりであり、一方、日本勤勉革命は資本節約・労働集約型の物づくりという対照性があります。安く買って高く売る商業で富を獲得するのではなく、生産要素の土地・労働・資本を、それぞれの地政学的な条件を生かして合理的に組み合わせ、物づくりによって国富づくりをしたのです。イギリスが大西洋の彼方に獲得した新世界の土地は広大でしたが、それに見合った労働力が不足していました。その不足を補うために、イギリスの産業革命は労働の生産性を世界一に引き上げました。逆に日本は土地が僅少で、戦国時代が終わって、刀を鋤・鍬・鎌に持ち替える人々が増え、労働力には恵まれました。日本の勤勉革命は、労働を集約し、肥料に工夫をこらし、土地の生産性を世界トップクラスに引き上げました。

産業革命と勤勉革命はほぼ同じ十八―十九世紀に進行しました。私は両者を総称して「生産（物づくり）革命」と呼んでいます。国産品をアジア物産よりも安価に生産することに成功したことによって江戸時代の日本は、イギリスに劣らぬ「経済社会」（速水融）になりました。日英両国の生産革命の帰結はアジア物産の国産化＝自給化です。

イギリスと日本を対比しておきます。東南アジアを中心に見ると、イギリスの受けた海洋圧力の源は東南アジアより以西の海洋イスラムでした。一方、日本の受けた海洋圧力の源は東南アジアより以東の海洋中国です。圧力から脱した方法は同じ物づくりです。海洋アジアからの輸入品を国産化する「生産（物づくり）革命」によって圧力をはねのけたのですが、日本は一国完結型の自給圏＝鎖国を完成させ、一方、イギリスは大西洋を股にかけたアフリカ、アメリカを結ぶ三角貿易の自給圏＝大西洋経済圏を形成しました。こうしてキリスト教圏はイギリスを中核として海洋イスラムから自立して「脱亜（脱イスラム）」を遂げ、日本は海洋中国から自立して鎖国することで「脱亜（脱中国）」しました。日英に出現した近代文明はともに脱亜文明です。

日本とイギリスは、ウォーラーステインのいう「長期の十六世紀（日本の御朱印船の時代、ヨーロッパの大航海時代）の海洋アジア」という時空間に入り込みましたが、海洋アジアから離脱したとき近代文明は出現しました。日本の鎖国の成立とイギリスを核とする大西洋経済圏の形成とは、脱亜文明として文明史的意義は同じです。

以上、近代文明の生成と海について略述しましたが、まとめますと、近世までは文明の優位はアジアにありました。しかし、近代になって逆転しました。近代文明の成立の淵源は海洋アジアにあり、海洋アジアの中心は東南アジアです。十六世紀の東南アジアを「プロト世界経済」と形容しましたが、そこでの最大の交易品の胡椒・香辛料を獲得するため、諸民族はそれぞれの様々な物産を交易しました。ユーラシア各地の物産・文化・情報は海洋アジアの坩堝の中に流れ込んだのです。その後の世界史はそこから流れ出ました。近代歴史学の父ランケ（一七九五―一八八六年）は『世界史概観』（岩波文庫）で「一切の古代史はいわば一つの湖に注ぐ流れとなってローマ史の中に注ぎ、近世史の全体は、

日独文化研究所主催　第28回公開シンポジウム

講演「近代文明の生成と海」

静岡県知事 川勝平太

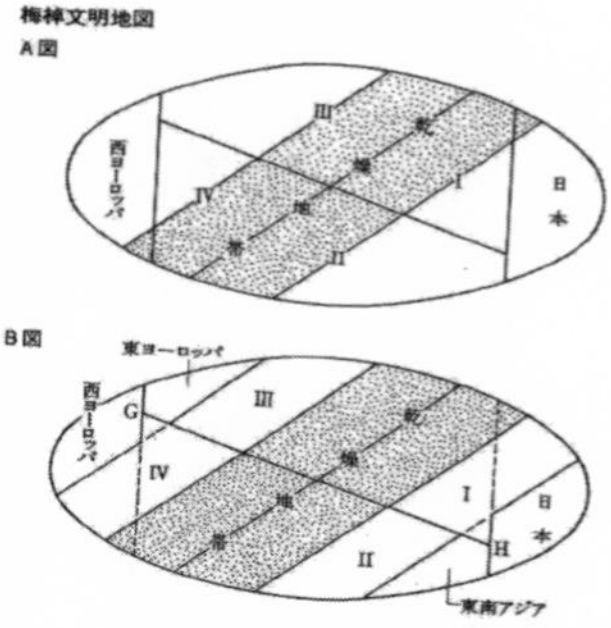

出典：梅棹忠夫著『文明の生態史観』（中公文庫）

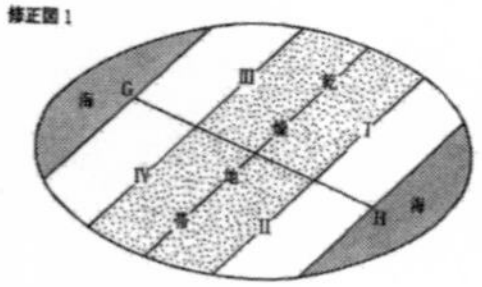

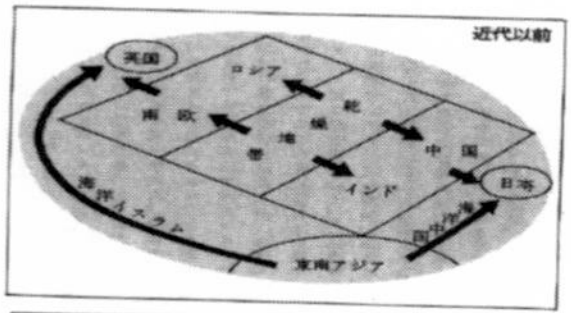

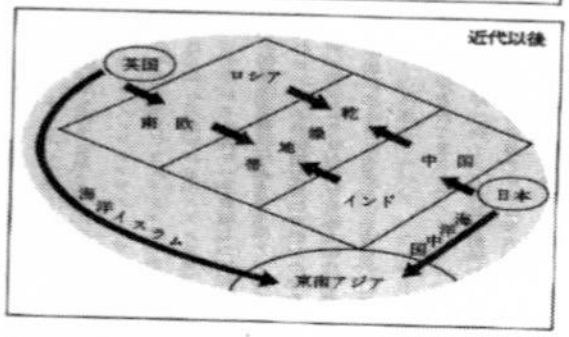

出典：川勝平太著『文明の海洋史観』（中公文庫）

ローマ史の中から再び流れでる」（鈴木成高訳）と喝破しましたが、それはヨーロッパ史に関する概括です。世界史的な観点からすれば、古代文明以来のすべての文明は大きな物流となって海洋アジアに流れ込み、その後に勃興する近代文明は海洋アジアから流れ出たのです。それを図にしておきます（生態史観と海洋史観を比較した図を参照）。

文明の理論

以上に略述した歴史像は、近代文明の生成に関するマルクスの唯物史観も梅棹忠夫の生態史観も斥けるものです。戦後京都学派の一翼をになった梅棹忠夫が、その令名を轟かせたのは『文明の生態史観』（中公文庫）でした。梅棹は、ユーラシア大陸の東北から南西にかけて斜めに走る乾燥地帯に隆盛した遊牧民が、隣接する湿潤地帯の農耕民を繰り返し侵略したことに示されるように、遊牧民の優位を説きました。農耕民が遊牧民を支配することは稀でしたが、遊牧民は農耕民をたびたび支配し、王朝を建設しました（楊海英『逆転の大中国史』文春文庫）。

では、農耕社会よりも優勢であった遊牧社会はどのようにして成立したのでしょうか。梅棹忠夫は、人類は野生植物の栽培化が農業文明を成立させたように、野生動物（有蹄類）に対して人為的操作（オスには去勢、メスには乳搾り）を施して家畜化する「牧畜革命」を遂行したと論じました。狩猟採集段階からの離脱を可能にした革命として農耕文明と遊牧文明とを二つ対等に並べたのです。また、工業文明の基盤は農業でしたから、歴史家の目は農耕文明に傾きがちでしたが、農耕社会重視の文明史像を相対化し、遊牧社会の存在を宣揚したのです（梅棹忠夫『狩猟と遊牧の世界』講談社学術文庫）。

梅棹忠夫のもう一つの狙いは、日本を世界史のなかに位置づけることでした。そして、日本は西ヨーロッパと文明史的に対等であるとみなしました。極論すれば、日本はアジアではないという立場です。それを明確にするため、アジア地域を「第二地域」とし、日本と西ヨーロッパを「第一地域」として区別しました。その根拠は日本と西ヨーロッパには遊牧民の暴力的破壊が及ばなかったことです。植生が邪魔されずに順調に遷移をとげて極相にいたるように、日本と西ヨーロッパには、分権的な封建制がうまれ、それが成熟し、近代文明を誕生させたと論じたのです。

一方、マルクスの思想は、二十世紀の世界の政治・経済のみならず、イデオロギー・思想・哲学を席巻し、社会主義・共産主義革命の嵐を巻き起こしましたが、その基礎にある世界観は「唯物《ゆいぶつ》史観（史的唯物論）」です。

マルクスは『資本論』（第一巻、一八六七年。岩波文庫）に先だち、『経済学批判』（一八五九年、岩波文庫）を著し、そこで、「わたくしの研究にとって導きの糸となった一般的結論は、簡単につぎのように公式化することができる」として、「人間は、その生活の社会的生産において、一定の、必然的な、かれらの意志から独立した諸関係を、つまりかれらの物質的生産諸力の一定の発展段階に対応する生産諸関係を、とりむすぶ」（大内力他訳、以下同様）という記述ではじまる有名なテーゼを記しました。それは「唯物史観の公式」として人口に膾炙しました。唯物史観の公式はこう結ばれています――「大ざっぱにいって、経済的社会構成が進歩していく段階として、アジア的、古代的、封建的、および近代ブルジョア的生産様式をあげることができる。……この社会構成（近代ブルジョア社会）をもって、人類社会の前史はおわりをつげるのである」（マルクス『経済学批判』の序言より）。

マルクス主義者は、アジア的専制→奴隷制→封建制→資本主義（近代ブルジョア社会）を経て社会主義・共産主義にいたるのは、どこの地域もたどるべき「世界史の基本法則」であるというイデオロギーに染まりました。しかし、当のマルクスは晩年に「封建制から資本主義への移行」は西ヨーロッパに限定される、という結論に達していました。この点は強調するに値します。

それは、ロシアの女性革命家ヴェラ・ザスーリッチに宛てた書簡の中に明確に記されています。ザスーリッチはロシアの現実にマルクスの理論が妥当するかどうかをマルクスに質問しました。マルクスはそれに答えるために周到にロシア分析を試みました。そして、長い草稿を四編もしたためた後、最終的に短く次のように返事しました――

私の学説なるものにかんするあなたの疑問は、数行の説明で、十分一掃できるかと思われる。資本主義的生産の創世記を分析するにあたり、私は言った。「資本主義制度の発展の基礎は耕作民の収奪である。それが根本的な仕方でおこなわれたのはまだイギリスにおいてだけである。しかし、西ヨーロッパの他のすべての諸国も同一の運動を経過している」（『資本論』フランス語版）。だからこの運動の「歴史的宿命」は、はっきりと西ヨーロッパの諸国に限定されている。……だから『資本論』に示されている分析は、ロシアの共同体の生命力にかんする賛否いずれの議論にたいしても、その論拠を提供していない（一八八一年、手島正毅訳、マルクス『資本主義的生産に先行する諸形態』国民文庫、所収）。

この点については、梅棹忠夫が西ヨーロッパと日本以外に封建制は成立しなかったとみなす見解と一致しています。日本と西ヨーロッパとを同格とする見方で両者は共通していました。もう一つ共通点があります。梅棹の着眼はユーラシアの生態・気候であり、マルクスの着眼は生産・階級です。前者は環境を、後者は人間を重視するので、一見、水と油のごときですが、共通しているのは陸地の歴史しか見ていないことです。封建制から資本主義への移行は、マルクスの見解では、領主・農奴の生産関係からなる封建制が、生産者を生産手段から引きはなす「原始的蓄積（本源的蓄積）」によって、資本家・労働者の生産関係からなる資本主義社会へと変わるというものです。農民は「血の立法」で暴力的に土地を奪われ、労働力以外に売るもののない無産者となり、無産者は都市に流れて労働者となって工場に縛りつけられたと説きます。これは陸上での出来事です。それゆえ陸地史観です。梅棹忠夫の生態史観は、日本について具体的に語るところはありませんが、大陸の乾燥地帯と湿潤地帯の生態の相異に着目した歴史観なので、これも陸地史観です。この点が文明の海洋史観と明確に区別されるところです。

ところで、唯物史観も生態史観も、そのベースには学問があります。文明の生態史観は、梅棹自身が「生態学的歴史観——つづめていえば生態史観」と述べているように、ベースは生態学です。厳密にいえば、梅棹が歩いたユーラシアのフィールドワークに基礎づけられています。また彼の天才的な文明の生態史観のモデル図の背景にはケッペンの気候論があります。一方、マルクスの唯物史観のベースは経済学です。マルクスはこう述べています——「ブルジョア社会の解剖は、これを経済学にもとめなければならない」(『経済学批判』序言)と。

文明の海洋史観もまた経済学にのっとっていますが、マルクスとどこが異なるのかについて、『資本論』の冒頭の有名な一文を借りて、相異を際立たせてみます——

資本主義的生産様式の支配的である社会の富は、「巨大なる商品集積」としてあらわれる。個々の商品はこの富の成素形態である。したがって、われわれの研究は商品の分析をもって始まる(向坂逸郎訳)。

このように商品分析は、マルクス経済学の要諦であり、私にとっても同様ですが、分析方法が異なります。冒頭のパラグラフにつづけて、マルクスは、商品は交換価値と使用価値とからなるとし、使用価値を切り捨てた上で、交換価値の分析に集中していきます。そして、商品の交換価値の実体が労働量（労働時間で計測）であるとし、商品の生産過程で生まれる剰余労働を搾取する資本家と搾取される労働者という生産関係論へと筆を進めていくのです。

マルクスの商品論（価値形態論）の論理を追っていくと、人間が生産現場で取り結ぶ階級関係に解消されていきます。唯物論を標榜し、商品を分析すると宣言しつつ、行論の過程で、肝心の「商品」は抜け落ち、人間（階級）論に解消しています。私はこのマルクスの首尾一貫しない理論構成に限界を見出しました。

もう一つ、重大な難点があります。マルクスは、商品同士の等価交換の原則のもとで「価値法則の貫徹」を説きます。それは「一物一価の法則」ともいわれ、商品生産が支配的な社会では貫徹するとされています。ところが、幕末開港後の日本の最大の貿易相手国はイギリスでしたが、当時の日本の最大の商品であった木綿とイギリス最大の工業製品の木綿との間で、日本市場では（東アジア市場でも）価値法則が貫徹していなかった（英国品は安くても売れない、国産品は高くても売れる）という事実を、私は明治期日本における日英の木綿商品の価格と品質を比較分析することで実証しました（拙稿「明治前期における内外綿布の価格」、同「明治前期における内外綿関係品の品質」『早稲田政治経済学雑誌』二四四・二四五合併号、二五〇・二五一合併号）。それはマルクス経済学の価値論を反証する事実です。

商品は、抽象的な存在ではなく、それを作り、それを使う人々の心がやどる衣食住の生活文化を体現しています。経済活動と生活文化とは不可分です。とすれば、経済と文化を一体的に論じる理論――経済文化論――が要請されます。下部構造・上部構造というマルクスの用語を借りるならば、物産（商品）が下部構造となって、その上に文化の上部構造がそびえる、ともいえます。逆に、文化の価値体系が物の使い方を決めるという観点に立てば、文化と物産は照応する、ともいえます。マルクスの見捨てた商品の使用価値に着眼した私の価値論は「唯物論」と区別するため「格物論《かくぶつろん》」と名づけています。

格物の用語は朱子学の古典『大学』の「格物致知。誠意正心。修身斉家。治国平天下」の文言に由来します。朱子学の格物致知論の目的は「経世済民」の政治経済論です。しかし私の「格物論」の目的は――マルクスと同様――近代文明の現状分析です。物に着眼するので「唯物論」といってもよいのですが、マルクスの唯物論は肝腎の「物」を見失っているので、それと峻別するために、「格物論」と名づけ、その歴史観は「格物史観（史的格物論）」です。

マルクスの唯物史観は、人間が歴史をつくるというドグマに立った人間決定論です。梅棹忠夫の生態史観は人間の生活は自然の生態に依拠するというドグマに立った環境決定論です。それぞれ人間中心主義、環境中心主義ともいえますが、それらに対し、格物論は物に着目します。人間が生産した物は自然と人間との間にあります。人間は「物を作る動物」であり「物を使う動物」です。生産された物は、もはや自然ではなく、もとより人間でもありません。生産物は両者の間に介在する「中間的存在」です。生産物は人間社会のあるところには必ず存在します。そのような物産の集まりを社会の「物産複合」といいます。物には名前と用途があるので、物産複合は「文化複合」と一対です。人間社会が変容するとき、社会の文化・物産複合は変容します。逆も真です。社会の物産複合が変容すれば、おのずから人間社会は変容します（拙著『経済史入門』日経文庫）。

世界最初の近代文明国家イギリスと、アジア最初の近代文明国家日本とは、いずれも島国ですから、海を存立条件にしています。島国では海外から船来する文物によって社会の物産複合は劇的に変わります。島国のイギリスと日本を対象とする限り、格物史観は海洋史観でもあります。たとえば、イギリスの場合、インド木綿の流入で、それまでの皮革や毛織物しかなかった衣料文化に「ファッション革命」が起こり、木綿を自給するために大西洋を股にかけた三角貿易をつくりあげ、繊維機械の発明などの産業革命を起こすなど、イギリス社会は大変貌を遂げました（拙著『日本文明と近代西洋――鎖国再考』ＮＨＫブックス）。日本の場合、柳田國男の「海上の道」の説はよく知られています。海上の道（黒潮）にのって稲作文化が運ばれてきて、「縄文文化から弥生文化へ」と移行しました。その発想に着想を得たのが文明の海洋史観です。

物産複合の変容《メタモルフォーゼ》の核心をなす概念は「新結合《しんけつごう》」（シュンペーター『経済発展の理論』の核心概念）です。ただしシュンペーターはもっぱら新結合を遂行する主体である人間（企業者）に着目したのに対し、私は新結合される側の客体である物――物の組み合わせの変化――に着眼します。マルクスもシュンペーターも、その経済理論には――当人には意識されていないと思いますが――ヨーロッパの精神文化の刻印が押されています。それは人間至上主義です。淵源はユダヤ・キリスト教の『旧約聖書』にあり、神は人間を「神の似姿」として造ったと説いており、この世では人間が頂点にたつ存在です。他の被造物は人間に利用されるためにあり、人間よりも下位にある、そのような人間至上主義の世界観は、キリスト教・ユダヤ教圏では、空気のように当たり前です。

私たちに日本人とって、人は物と一体で「人物」です。物を「もったいない」「粗末にあつかわない」というように、物を大切にする態度は、マルクスにあっては物神《ぶっしん》崇拝として唾棄されています。

それに対して、格物論は、人はもとより、物も大切であるという立場です。格物論の観点からの「文明の格物史観」については、最近著の川勝平太編『日本の中の地球史』（ウェッジ、二〇一九年）で概要を述べました。

文明の秩序

イギリスと日本に出現した近代文明は、アジア文明圏から自立した脱亜文明として、対等の文明史的意義をもっています。しかし、活動を七つの海に広げた海洋帝国イギリスと、箱庭のごとき「ヤポネシア」（島尾敏雄）の日本とでは相異が際立ちます。特に相異が際立つのは国際秩序観であり、その核心をなす軍備に対する態度です。

軍備は国の安全保障にかかわります。江戸時代の日本の平和は「パックス・トクガワーナ」（芳賀徹の命名、芳賀『文明としての徳川日本』筑摩選書）と形容されますが、イギリスのパクス・ブリタニカは、古代ローマのパクス・ロマーナと同様、軍事力に基づく世界支配を形容するもので、現代のパクス・アメリカーナもアメリカ合衆国の圧倒的軍事力の支配を示すものです。

世界史における武器の二大画期は鉄砲と核兵器ですが、鉄砲が拡大したように、核兵器も拡大してきました。新兵器が旧兵器に取って代わるのは武器の発達の鉄則のようにみえます。しかし例外がありました。近世成立期（江戸初期）における日本の軍縮です。

鉄砲を発明したのは中国ですが、それを改良し国力の増強に利用したのはヨーロッパ諸国です。日本への鉄砲伝来は一五四三（天文十二）年にジャンク船（中国船）に乗船していたポルトガル人が種子島に伝えました。それは教科書的知識ですが、注目すべきはその後の経過です。鉄砲は戦国時代の日本中に広がり、長篠の合戦で知られる新戦術を生み、築城法も山間地の山城から、平地に堀を張り巡らせる平城《ひらじろ》へと劇的に変えました。安土・桃山時代の日本は、ヨーロッパのどの国にもまさる世界最大の鉄砲保有国であり軍事大国でした。

秀吉の刀狩りは有名ですが、刀剣は取り上げられましたが、鉄砲は没収されず、江戸時代の日本の村々で、鉄砲は狩猟用・害鳥用などの用具として使われていました。しかし、銃弾による殺人は島原の乱以後、途絶えました。赤穂浪士の討ち入りも、刀・槍が使用されました。江戸時代の支配層・武士の間で鉄砲は軍需品としては顧みられなくなったのです。武士は刀剣の世界にいわば逆戻りしたといえます。ヨーロッパと日本とはともに鉄砲時代の幕開けを迎えながら、ヨーロッパは鉄砲の改良・使用・拡大による軍拡一途の道を進み、日本は鉄砲の放棄・削減による軍縮の道という対照的な道を歩みました（ノエル・ペリン『鉄砲を捨てた日本人』中公文庫）。

日本では軍縮によって技術の発達が止まったわけではありません。火器の開発は稲富流砲術など細々と（ヨーロッパと比べれば）続けられましたが、火薬の用途は弾薬から花火に転じ、夏の夜の風物詩となりました。線香花火、両国の川開き大花火、大名花火、打ち上げ花火、岡崎の「金魚花火」など、花火技術が開発されました。また、銅はヨーロッパでは大砲製造など軍需品に大量に用いられましたが、日本では銅銭、寺院の寺鐘に用いられました。要するに平和利用に転じたのです。

なぜ、日本は軍縮の道を、ヨーロッパは軍拡の道を歩んだのでしょうか。戦国時代の日本では夜討ち・強盗・下剋上・海賊行為は常態でした。ヨーロッパでも近世にいたるまで海に国際秩序は存在していません。大航海時代のヨーロッパ社会では商業・海賊・戦争は三位一体でした。ヨーロッパの国際秩序を構想したのはオランダ人のグロティウス(一五八三―一六四五年)です。グロティウスは『海洋自由論』で貿易・航海の国際的自由を主張しましたが、彼の名を不朽にした『戦争と平和の法』(一六二五年刊。酒井書店)で知られます。

『戦争と平和の法』の執筆目的について、グロティウスは同書の序言において、論拠を神にではなく、自然法にもとめることを宣言し、「戦争を行ふについて、且つまた戦争に関して有効なる共通法が存在するといふ考察を確かめんとするところに、予が本書を著わさんとする多くの而して重要なる理由が存する」(一又正雄訳、以下同様)と述べています。文中の「戦争に関して有効なる共通法」が国際法に発展します。国際法は戦争と抱き合わせで誕生しました。第一章は「戦争とは何か、法とは何か」と題され、「本書に「戦争の法について」なる標題を附したわけは、(前にも述べたように)まづ第一に、何等か正しき戦争があるか、また戦争においていかなることが正しいか、ということを究明すること」と戦争の正当性を探るという執筆動機を再度明言し、第二章では「戦争を行なうことは、いかなる場合に正しきか」を、第三章では「公戦と私戦の区別」をテーマに国家主権について筆をすすめ、「公戦」とは「法権を有するものの権威によって行はれる」としました。要するに、グロティウスは交戦権を国家主権として認めたのです。

なぜグロティウスは戦争を公認したのでしょうか。『戦争と平和の法』の書かれたのは新旧キリスト教間の宗教戦争の三十年戦争(一六一八―四八年)のまっただ中でした。戦争がまさに現実であったことが原因でしょう。グロティウスの法理論は三十年戦争の終結をもたらした一六四八年のウェストファリア条約において適用されました。こうして現代に続く主権国家体制が誕生し、国家主権に交戦権を含む「国際法」が公認されました。

一方、関ケ原合戦に勝った徳川家康が征夷大将軍になったのは一六〇三年です。このとき、ヨーロッパでは「国際法」はまだ生まれていません。しかし国家統一を成し遂げた日本政府（徳川幕府）は国際関係をもたざるをえません。その国際関係を律する世界観と国際秩序が、そのときに存在すらしていなかったヨーロッパのものと異なったのは不思議ではありません。

軍拡の戦国時代から軍縮の江戸時代への移行には、世界観のパラダイム・シフトがあります。江戸初期が戦国以前と決定的に異なるのは朱子学が国教とされたことです。近世朱子学の祖は藤原惺窩ですが、惺窩の『本佐録』の序「天下国家を治むる御心得の次第」いわゆる「治要七条」に記述された第一条は「太刀かたな」を用いず儒学が必要であるとし、第七条は「文武の二つ兼ねずんば、治まる事成り難し」と文治主義を説いています。惺窩門下の林羅山は朱子学者として家康・秀忠・家光・家綱の四将軍に仕えました。林羅山を祖とする林家主導の昌平坂学問所が創設され、各藩はそれを真似て藩校を設立し、武士層は朱子学を身につけました。

南宋の朱子（一一三〇―一二〇〇年）は四書（『大学』『中庸』『論語』『孟子』）と五経（『易経』『書経』『詩経』『春秋』『礼記』）を重んじましたが、その中の根本経典の『大学』では「物に格《いた》れば（ないし物を格《ただ》せば）知を致すことになり、知を致せば意が誠になり心が正しくなる。意を誠にし心を正しくすれば身が修まる。身を修めれば家が斉《ととの》う。家を斉えれば国が治まり、国を治めれば天下が平和になる」と説いています。この世界観に立てば、統治の正当性の源泉は、力ではなく、徳です。軍事力による統治はなじみません。「君主の徳は政治をよくする根本である。政治の目的は民をよく養うことである」（『書経』）ともあり、徳治主義が政治の基本になります。

重要なことは、近隣の朝鮮王国も明・清中国も同じ世界観・国際秩序観を共有していたことです。古代から東アジアの国際関係を律したのは華夷秩序でした。華夷秩序の二本柱は朝貢貿易と冊封体制です。徳川日本は、朝貢もせず、冊封も受けていません。徳川日本は自らをもって中華と任じました。山鹿素行（一六二二―八五年）の『中朝事実』は日本を中華とみなす国際秩序観の典型的表明です。こうした国際感覚のもとで一六三五年に制度化された「参勤交代」は、教科書では大名統制策として説明されており、その通りではあります。ただし、その思想的背景は、私見では、冊封と朝貢という国際秩序の国内版にほかなりません。原則一年ごとに幕府に参勤するのは朝貢と異なるものではなく、参勤交代を通して各藩の藩主の統治を公認（冊封）したのです。

東アジアにおける国際秩序は華夷体制であり、徳川日本が「通信（外交）」関係をもった朝鮮王国（ならびに琉球王国）は、将軍の代替わりには「慶賀使」を派遣しました。それは「朝鮮通信使」として知られますが、徳川幕府はそれを「朝貢」（ただし、朝鮮王国側からすれば使節による日本の国情視察）とみなしていました。

華夷の「華」は文明、「夷」は野蛮を意味します。江戸時代の日本人の世界観は中国の華夷すなわち「文明と野蛮」の世界観に由来しています。一方、ヨーロッパの「戦争と平和」の世界観はイスラム教圏の「ダール・アルイスラム（平和の家）」と「ダール・アルハルブ（戦争の家）」の世界観に由来しています。

日本とヨーロッパの世界観・国際秩序観はともに旧アジア文明圏に由来しており、脱亜の過程で歴史的に別々に形成されました。それぞれに長所と短所があります。イスラム由来の「戦争と平和」と中国由来の「文明と野蛮」において、人類にとってのマイナスなのは前者では「戦争」であり、後者では「野蛮」です。両者を否定し、人類社会にとってプラスの「平和」と「文明」とを体現した新しい文明を構築することはできると考えます。かつて「文明と野蛮」の世界観を自家薬籠中のものにし、また明治維新で旧来の江戸社会を「親の敵」(福沢諭吉)として切り捨て、ヨーロッパの「戦争と平和」の世界観に乗り換えて、それをものしたのが日本です。現代日本は、人類社会の平和な文明の実現のために、両方の世界観を否定的に媒介しながら止揚できる立場にあるといえます。

よもの海みなはらからと思ふ世になど波風のたちさわぐらむ(明治天皇御製)

(二〇一八年十一月二十五日)

第四章　野蛮と文明の所有論

松村圭一郎

一　はじめに

文化人類学は、十九世紀後半、「野蛮」や「未開」とされた非西洋の諸民族を研究する学問としてはじまった。当初、この学問は西洋近代の「文明」の側から、その段階に至っていない「遅れた」人びとを研究するものだった。本稿では、文化人類学の研究のなかで文明の発展と密接に関わるものとして論じられてきた「財産所有」をテーマに、この野蛮と文明との関係について考察したい。

人類学という学問がまだ成立していなかった十八世紀半ば、ジャン・ジャック・ルソーは『人間不平等起源論』のなかで、次のような印象的な例をあげて、それまで存在しなかった「所有観念」がさまざまな問題を引き起こすようになったと述べている。

ある土地に囲いをして「これは私のものだ」といおうなどと思いつき、こんなたわごとを信じるほど純朴な人々を見いだした最初の人こそ、政治社会の真の創始者であった。杭を引き抜きながら、あるいは堀を埋めながら、「このペテン師のいうことを聞いてはいけない。果実はみんなのものであり、土地は誰のものでもないということを忘れたら、あなたたちはおしまいだ」と仲間たちに叫んだ人がいたとしたら、人類はどれほどの犯罪、戦争、殺戮を、どれほどの悲惨と恐怖を免れることができただろう。*1

ルソーは、自然状態では憐憫の情によって自己愛の活動が和らげられ、「可能な限り他人の不幸を少なくしつつ、自らの幸福をはかれ」という自然にかなった善性によって平等が実現していたという推論から出発する。*2 そこから不平等を生じさせ、絶え間ない対立や殺戮を招いたのが、家族や集団、道具や土地への愛着の高まりによる、所有観念の発生だとされたのだ。

ルソーが提示した、文明化が所有の観念をかたちづくり、社会の不平等を生じさせた、という問題意識は、現在に至るまで多くの議論の前提にある考え方だ。十九世紀にアメリカ先住民を対象に先駆的な人類学的研究をはじめたルイス・ヘンリー・モーガンも、財産所有の観念についてルソーと認識を同じくしていた。彼は、代表作である『古代社会』の最後に、こう記している。

人類の精神は自らが創設したものを前にして呆然としている。がそれにもかかわらず、人間の知性が財産を支配するまで高められ、国家とその保護する財産との関係、そして、それとともにその所有者の義務と権利の限界を定める時が来るであろう。社会の利益は個人的利益に優先する。

そして、この両者は正当かつ調和ある関係にもたらされなければならない。もし進歩が過去の法則であったように、将来の法則であるならば、単なる財産を目的とする道程は人類の最終的運命ではない。[*3]

「野蛮」や「未開」の段階ではみられなかった排他的な所有観念の獲得は、人類にとって文明化の負の側面であり、是正されなければならないという強いメッセージが込められている。文化人類学の所有をめぐる研究では、野蛮と文明の対比はどのような意味を担ってきたのか。それがサルからヒトへの人類進化をめぐる研究とどう関係しているのか。本稿では、その二点の問いを中心に考えていきたい。

二　発展段階説としての所有論

まずルソーの「不平等起源論」の議論を簡単にふりかえっておこう。ルソーは、不平等を生み出す所有観念の発生に至るまでに、さまざまな段階を経てきたと考えた。人間にとって最初の感情は、自分の生存を守ろうとする感情だけで、自他の関係性すら欠如した状態だった。やがて拡散して多様な環境で生きるようになり、自然にあわせた生業を工夫するようになる。そのなかで存在者と自分、ある存在者と別の存在者とを関係づける「関係性の知覚」が生じた。

共通の利害のために群をつくったり、同類のあいだで競争が生じたりするようになると、相互の約束と約束を守ることで得られる利益についての粗野な観念が生まれた。それが言語の獲得へとつながり、進歩の速度が上がる。やがて鋭利な石斧のようなもので小屋を建てはじめると、他の者とは区別される家族が形成された。それが所有観念の萌芽となる契機だった。夫と妻、父親と子どもたちがひとつ屋根の下に暮らす。そこで心情の発達がもたらされ、夫婦愛や父性愛といった優しい感情も生まれた。こうした観念や感情の獲得によって、他の人と自分を比べ、より尊敬を受けることの価値が高まった。ルソーは、この能力差への気づきが「不平等への、悪徳への、最初の一歩だった」と書いている。

そしてこの尊重の観念によって、誰もが自分こそが尊重されるべきだと主張しはじめる。礼儀作法の最初の義務が生まれ、軽蔑や侮辱を受けたら、相応の罰を受けるべきだといった復讐の観念も芽生えた。いわゆる「互酬性」である。ルソーは、それこそが道徳性のはじまりだという。この状態に大変革をもたらしたのが、冶金（鉄）と農業（小麦）である。鉄を溶かして鍛える人間が出てくると、彼らを食べさせるために他の人間が食料を生産することが必要になった。同時に、鉄を用いてさらに食料を増やす道具もつくられた。こうして農業が生まれ、金属の加工技術やその用途を増やす技術が生まれた。

土地が分割され、それを耕す労働をする者には、少なくとも収穫まで土地の占有権が認められ、それがやがて所有権となった。最初の占有者となった富んだ者たちは、暴力をもってそれを横奪しようとする盗賊の群れから財産を守るために、国家による政治的統治の手段としての法律を生み出す。この法律とそれを支える国家的な枠組みが、もつ者ともたざる者との不平等を固定化していったのだ。

こうした理解は、およそ一二〇年後に著されたモーガンが提示した発展段階説でも、大枠が維持されている。人類学の草創期の研究の多くは、未開とされた社会を研究することをとおして、人類がいかに文明化の道を歩んできたのか、その道筋をあきらかにすることを目指した。モーガンは、発明や発見による技術の進歩、そして政治・家族・財産の観念の成長にともなう制度の発達によって、文明の発展段階を区分している。

モーガンの議論では、財産観念の成長は、次のような過程をたどる。まずもっとも初期の「野蛮savage」の段階では、そもそも物を所有する観念がなく、土地は「部族」の共有で、住居も居住者たちの共同だった。そして、次の「未開barbarian」の段階に至ると、共通の祖先との血縁関係にもとづく氏族が成立し、増大する死者の私物を氏族員の範囲内に留めるようになった。これが、第一の原則である母系的な氏族内部での相続形態の誕生である。さらに男たちの私物の増加や首長という地位の世襲化が起きると、親族関係が母系から父系へと変化し、父方の親族のみが財産を相続するという、第二の原則が登場した。その後、「未開の上層」に至ると、鉄の発見と使用にともなう定住耕作や手工業の発達、遠隔地交易などにより、私的蓄積が増加。排他的に死者の子に相続させるという、第三の原則が実現した。この原則は、一夫一婦制の誕生と結びつけられている。

こうした所有観念の欠如にはじまった人類の歴史は、共同所有から、やがて特定の者による財産の相続と独占を認める排他的な私的所有へと発展したと理解された。このモーガンの議論を参照し、マルクスの理論を独自に発展させたエンゲルスの『家族・私有財産・国家の起源』でも、私有財産の誕生を「野蛮」から「未開」、そして「文明」へと至る人類の発展段階の必然的な結果としてとらえている。

これらの議論は、人類の諸文化の差異を同一の起源に由来する発展段階の違いとして理解する試みだった。人類にはさまざまな違いがある。しかし、それは文明の発展段階の違いから文化要素が異なるだけで、その起源も本質も同一である。人種ごとに能力や身体的な差異が歴然としていることが当然視されていた時代のなかで、人類文明の発展段階図式は、西洋人と非西洋の諸民族とが起源を同じくする同胞なのだと主張する、急進的な考えでもあった。ところが二十世紀に入ると、この文化の優劣を前提とする発展段階説は、諸文化を対等な存在とみなす文化相対主義によって批判されるようになる。

三　文化相対主義から所有をとらえる

文化人類学の研究が進むにつれて、モーガンやエンゲルスの単線的な発展段階説や「共同所有」と「私的所有」の二項対立的な所有論は、文化相対主義的な見方におきかわっていった。人類の原初的な所有形態には、多様なタイプが存在する。人類学者によって記述されていったのは、西洋の所有概念とは同一線上で語ることのできない「未開社会」の特異な所有のあり方であった。一九二〇年代に『西太平洋の遠洋航海者』を著したマリノフスキは、トロブリアンド諸島におけるカヌーの所有について論じるなかで、「純粋の個人所有と共有制とのあいだには、あらゆる中間混合型や組合せが存在する」と指摘し、次のように述べている。

所有という語にわれわれ自身の社会が与えている一定の意味あいでこの語を使うのは、重大な誤りである。というのは、この意味内容は、われわれの社会のように、高度に発達した経済、法律の条件が存在することを前提とするのであるから、われわれが使う「所有する《オウン》」という語は、現地社会に適用しても意味をなさない。もっとわるいことに、このような適用をすると、たくさんの先入観念がわれわれの記述にそっとはいりこんできて、住民たちの間の実態を説明するまえに、読者の見方を曲げてしまうからである。*4

人類学的研究の多くは、西洋の所有概念が特殊なものであり、未開社会にはそれとは別の所有概念、あるいは土地や社会組織への異なるとらえ方にもとづいた土地所有がみられると指摘してきた。この文化相対主義的な視点は、その後、長い間、人類学の所有をめぐる研究の有力な見方となった。とくに非西洋社会には、身体や財産をめぐる固有の民俗概念が存在し、ジョン・ロックが主張したような身体の自己所有にもとづく私的所有概念とは相容れない「所有」がかたちづくられていると論じられた。たとえば、杉島敬志は『土地所有の政治史』の序論で次のように述べて、ロック以来の西洋の所有観念と非西洋の所有観を対比させている。

このようなロックの所有論が近代西洋における所有論の典型をなすものであることはカント、ヘーゲル、マルクスをはじめとする多くの思想家がおなじような発想にもとづく所有論を展開していることからあきらかである。だが、自己所有の観念は自らの身体を把握する多様な様式のひとつにすぎない。たとえば、メラネシアやインドネシアでは母方オジが自己の身体に本源的な権利をもっており、その健康や運命を左右するという考えが知られている。また、事故や儀礼において身体が毀損された場合には、母方オジに一定額の財貨を贈る慣行もひろくおこなわれている。[*5]

人類学の所有論は、西洋起源の私的所有概念とは異なる「所有」の存在を指摘することで、私的所有が唯一の選択肢ではないことを示し、その相対化を試みてきた。しかし、西洋の「所有」を単一の概念から成り立つものとして、それとは異なる非西洋の「所有」を支える概念を探し求めることは、結果として「近代の文明社会＝私的所有」という図式を強化し、社会が近代化・文明化すれば、やがては私的所有におきかわるというシナリオを暗に認めるものでしかなかった。

筆者は、『所有と分配の人類学』のなかで、こうした単一の概念として所有を論じる見方を批判し、民俗概念や法のアナロジーとして所有をとらえる限界を指摘してきた。[*6] つまり、西洋においても私的所有という単一の所有概念によって、すべてのモノの所有を理解できないように、非西洋であっても個人主義的な私的所有のようなものがみられないわけではない。いかなる社会にも、複数の所有のかたちが併存しており、それぞれ特定のコンテクストに結びつきながら、ある「ふさわしい」所有がつくりだされ、交渉されている。現代人類学においては、非西洋と西洋、前近代と近代の文化の差異を自明視し、固定化してとらえる文化相対主義をのりこえる道が模索されてきたのである。

では、そもそも野蛮と文明、非西洋と西洋を対比的にとらえてきた人類学の研究には、どのような前提が共有されてきたのか、「文明」という概念にひそむ、欠如としての「野蛮」という認識枠組みについて、詳しくみていこう。

四　「文明」が「野蛮」をつくりだす

文化人類学における単線的な文明の発展段階説は、文化相対主義的な見方によって否定された。だが、その視点のもとにある「文明」への見方について、根本的な批判が向けられるのは二十世紀半ば以降のことだ。それは、モーガンやエンゲルスが説いた発展段階説が、マルクス主義的な唯物史観の重要な前提になってきたことも関係している。この発展段階説を支えてきた野蛮と文明への視点を痛烈に批判したのが、フランスの人類学者ピエール・クラストルである。

ピエール・クラストルは、『国家に抗する社会』のなかで、未開社会を国家なき社会、無文字社会、歴史なき社会、市場なき社会というように、未完成、不完全、欠如として語ることを批判している。[*7]しばしば未開社会は、すでに他の地域でのり越えられた遠い歴史段階の時代錯誤な残存であり、その停滞から抜け出すための能力や技術をもたない社会だと考えられてきた。クラストルは、そこに自民族中心の古い進化主義があると指摘する。彼らは少ない労働で生存に必要な食料を入手する高度な技術をもっている。それでも、労働を必要の充足に調和させる意志から、無用な過剰生産を拒否してきた。それは過剰な労働を強制し、その余剰を一部の者の所有物にする暴力としての国家を拒否しつづけることであった。クラストルは、それを国家に抗する闘いの歴史だった、と述べる。そして、国家をもたない未開社会が文明化の結果として国家をもつようになるという図式を明確に否定した。

未開社会は人類の子ども時代であり、その進化の最初にある時代であり、それゆえ不完全であり、未完成であり、結果として成長し、大人になり、政治的なものがない段階から政治的なものに進むことを運命づけられている。あらゆる社会の行く末は、分かたれることにあり、社会から分離した権力であり、機関としての〈国家〉である。そして、〈国家〉は、万人にとっての共通の利益であると語られ、周知されており、権力を強制する任を引き受けているのだ。このようなものが、〈国家〉なき社会としての未開社会について今まで通用してきた、ほぼ一般的な概念である。〈国家〉の不在は彼らの不完全さ、その存在の胎児段階を、その歴史の不在性を特徴づけている。

しかし、これは本当にそうなのか？[*8]

クラストルは、国家の誕生を文明の成長＝発展とみなす視点を「イデオロギー的偏見」に過ぎないと一蹴する。そして未開社会が国家をもたないのは、国家を拒否し、社会が支配者と被支配者とに分化することを拒絶したからだ、と主張した。未開社会は、服従を拒否することで社会がもつ者ともたざる者とに分化することを阻止してきた。それは、あらゆる社会が文明の発達とともに必然的に国家をもつ不平等な社会へと移行するという発展段階説へのアンチテーゼでもあった。

このクラストルの理解は、文明の欠如として「野蛮」をとらえることを乗り越える契機となった。文明としての国家の中心と野蛮としての辺境という図式は、国家がみずからの存在を正当化するためにもちだしてきた歴史観でもあった。アメリカの政治学者ジェームズ・C・スコットは、『ゾミア』のなかで、いかに「文明」と「野蛮」とを対比する構図が、国家の形成過程でくり返し提示されてきたかを描き出している。[*9]

中国南部や東南アジアの山岳地帯（＝ゾミア）に暮らす国家に属することを拒む人びとは、つねに平地の国家から野蛮な民と名指されてきた。定住し、灌漑稲作に従事する「臣民」は、人口の確保が至上命題である国家建設にとって必要不可欠な存在だった。納税者として、兵士として、余剰生産物や労役を定期的に国家に差し出す民がいなければ、国は成り立たなかったからだ。

植民地時代以前の東南アジアにおいて、普遍的な君主をもつ国家概念にはヒンドゥー的な儀礼やコスモロジーが輸入されていた。そこでの「文明化」は、水稲国家に定住して暮らすことを意味した。平地の村に住み、水稲栽培をしながら、王と聖職者を頂点とする社会階級のもとで仏教やイスラーム（フィリピンではキリスト教）といった主要な救済宗教を信奉する。それが「文明生活」だった。この文明のイメージは、水稲国家の外側の国家権力の及ばない山地世界の逆像にほかならない。

こうして国家を文明の中心として位置づけ、その周辺の山地で焼畑耕作などをする人びとを文明化されていない「野蛮人」とする見方は、ビルマ、ベトナム、タイといった東南アジアだけでなく、中国の漢族王朝の記録にもくり返しあらわれている。漢族王朝の理想的な文明を基準とし、その進化的な文明の序列の底辺に山地民が位置づけられたのだ。「文明化」するには、山から下りて定住する「漢人」（タイやビルマでは、まっとうな「タイ人」や「ビルマ人」）になる必要があった。それは国家に完全に統合され、登録され、課税対象になることを意味した。だからこそ、灌漑稲作をせず、国家権力の及ばない周縁部で暮らす人びとは、侮蔑的な名称で呼ばれ、「野蛮人」として扱われたのだ。

こうした国家による「野蛮人」の表象について、スコットは、中国や東南アジアでは低地の水稲栽培と一体化した国家機構の隆盛が「野蛮人」を社会的に創りだした、と指摘する。低地での国家形成が文明の辺境地を生みだし、その辺境地帯に暮らす人びとを自分たちとは異なる野蛮な異民族としてコード化した。つまり、文明こそが野蛮をつくり、維持してきたのだ。

文明の中心によって辺境が定義され、野蛮人を国家の産物とみなす議論は、モーガンやエンゲルスが人類の野蛮から文明への発展を説いた図式とはまったく異なる歴史観を提示している。このスコットが提示した視点に立てば、文明の発展段階説は東南アジアの平地国家が唱えてきた考え方そのものであることがわかる。さらにスコットは、野蛮とされた山地民が国家に統合されて「文明国」の臣民となるだけでなく、国家のもとで定住していた人びとが税を逃れるために山地へとくり返し逃避し、あえて「野蛮」とされる生活を送るようになったと指摘している。

野蛮から文明へ、国家なき社会から国家をもつ社会へと不可逆に進歩するわけでも、そこに大きな断絶があるわけでもない。人類史の長い間、いずれもがつねに並存し、人びとは国家と国家なき社会とを往来しながら生きてきた。スコットが描く東南アジアの国家なき領域であるゾミアの歴史からは、民族を研究対象としてきた人類学が、国家と同じ目線から「野蛮」な人びとを実体化してきたことに気づかされる。

五　みずからを「野蛮」化する

スコットが『ゾミア』で描いた文明と野蛮への視点は、人類学的な研究に根本的な転換を促すものだ。そもそも「野蛮」の学としてはじまった人類学は、文化相対主義のもとでも、西洋の近代社会との比較において、非西洋の「未開社会」の特異性を強調し、文明の立場から「野蛮」のイメージを再生産するのに加担してきた。人類学が研究対象としてきた狩猟採集や牧畜、農耕といった自然に依存する生業形態の人びとについての理解も、根底から問いなおす必要がある。

スコットは、平地国家から「野蛮」とされた山地民が納税と賦役を免れるだけでなく、少ない労働で比較的豊かな生活を送れていたという。そして山地民は、つねに平地の「文明社会」からの「離反者」を受け入れ、その内部にうまく取り込んできた。この国家の中心から外部への人口の流出＝「自己周縁化」（平地からみれば「自己野蛮化」）という、一般的な文明論では説明できない現象が頻繁に起きていたのだ。*10

では、そうした国家から逃避し、あえて国家の外側に出ることを選んだ人びとは、どんな社会をつくりあげたのか。スコットは、それらの人びとが国家の収奪を免れるためのいくつかの戦略をもっていたと論じている。まずひとつは、定住せず、移動しながら生きていく生業の実践だ。それが山地での狩猟採集や焼畑耕作だった。固定した場所で一斉に収穫時期を迎える灌漑稲作は、国家が計画的に徴税を行うのに都合がよかった。それとは逆に、そもそも近寄りがたい険しい山地での分散した暮らしや一見して収穫物が把握できない根菜類などの栽培は、国家の統治をかわし徴税を逃れるのに都合のよい生業形態だった（それらは中東などで「遊牧」がもった利点でもある）。

一般に、狩猟採集民や焼畑民は、怠慢や後進性ゆえに僻地で孤立していると考えられてきた。スコットは逆に、それがむしろ支配層による無理な課税や奴隷化の脅威から逃れるための歴史的選択の結果だという。そしてその移動性の高さは、誰もが平等にアクセスできる広大な共有地の存在に支えられていた。そのことは、東南アジアにおいて、平地の相続可能な土地財産が恒久的な階級形成につながった一方で、山地で平等主義的な社会形態が広がったこととも関係している。しかも山地での分散した暮らしは、マラリアやその他の感染症を避ける意味でも有利だった。山地では、平地で集住するよりも自由で健康的な生活が送れたのだ。

もうひとつの戦略は、国家の監視や収奪を受けにくい社会構造をつくることだった。スコットは、収奪に抵抗力のある社会構造とは、指導者のいない小規模な世帯の集合体だという。国家が周辺の「部族」と交渉し、統治するには、集団が一貫したまとまりをもち、階層化されていて、明確な対話の相手となる指導者がいなければならない。しかし広大な土地に分散して暮らしている人びとの場合、誰と交渉すれば、その領域内の人に責任をもって指示を伝達し、働きかけてくれるのか、何の手がかりも得られない。逆に、国家なき人びとからすれば、特定の指導者も、明確な階層構造ももたず、ばらばらに散在することが、国家に把握されにくい生存戦略となる。

このスコットの指摘は、クラストルが提示した「未開社会」とされてきた社会は国家をもつことをみずから望んで拒否した、という議論を東南アジアの歴史的文脈に位置づけなおす試みだった。この視点に立てば、人類学が暗に前提としてきた、狩猟採集や牧畜、焼畑農耕などの生業ごとに、異なる文化や社会形態があるという見方自体が疑わしいものになる。ましてや文明を知らない「遅れた」人びとであるなどとは言えない。自然に依存する民族が小規模で分散して生活し、平等主義的なのは、人びとが固有の文化や社会形態を維持してきた少数民族だからではない。周辺の国家との関係において、そこから逃れるために、あえて「文明」とされた国家の中心地とは異なる生業や政治体制を選んだ結果である。この視点は、人類進化の視点からアフリカなどで生態人類学的な調査をしてきた研究の枠組み自体に問いを突きつけている。では、この文化人類学の野蛮と文明の視点は、霊長類学における人類進化の視点とどのように関係しているのか、次からみていこう。

六　人類進化のなかの所有論

歴史のなかで富を誰かのものにする「所有」の観念が生まれると、不平等な社会が生じる。このルソーが提示した推論は、霊長類学からも批判的検討がなされてきた。かつて富が独占されることのない平等な社会があり、それが所有観念の発達とともに不平等な社会へと変質してしまった。このルソーの前提に挑んだのが、日本の人類進化研究を率いてきた伊谷純一郎だ。伊谷は「人間平等起源論」のなかで、ルソーの想定した人間の自然状態（自他を区別する関係性の知覚が欠如）が、ニホンザルの段階ですでに脱却されており、霊長類研究の知見とは相容れないと指摘している。[*11]

ルソーのいう「社会」は、霊長類の最初期段階のもっとずっと以前から誕生していた。自然状態に合致しそうなのは、夜行性で単独生活をする原猿類の種社会、伊谷が「要素的社会」と呼ぶもの以外にはみあたらない。しかし伊谷は、この要素的社会は平等社会ではないという。そこには群れなどの安定した基本的単位集団がなく、各個体はそれぞれの種社会の一員であるという以外の帰属性をもたない。その種社会も互いに縄張りにもとづいて避け合う相互の不許容をもとにかろうじて成り立っているだけで、平等・不平等以前の「対等」な社会である。

霊長類の種社会は、この構造を原点として、集団サイズが拡大し、血縁集団や年齢集団、性集団などいくつもの帰属性をもつようになった。伊谷は、ニホンザルの鳴き声を交し合う相互交渉から、平等と不平等という二つの原理について分析している。ニホンザルの集団内では、整然とした安定的な優劣関係が確立している。そこには劣位者が優位者に「媚びる」「許しを請う」「相手の意を迎える」といった不平等な関係を前提とした挨拶行動がみられる。一方、出会った個体がその優劣差をないものとして対等に交わす音声のやりとりもある。伊谷は、ニホンザルの集団内では不平等原則が基本にあり、それを調整し補うものとして平等原則が機能しているという。この平等原則は、個体間の平和な共存を達成させるために互いに優劣関係をないものとして振る舞う「約束」にもとづいている。

伊谷は、この平等原則を「不平等原則のルールの否定の上に成り立っている」と指摘する。[*12] つまりルソーの議論とは逆に、平等原則は不平等原則のあとに生まれたというのだ。この平等性は、単婚の単位集団の原初的な平等とは異なるため、伊谷はそれを「条件的平等」とする。この不平等原則を否定する約束にもとづく条件的平等こそが、人間社会の「契約」への進化を遂げる原点だと伊谷は考えている。

では、条件的平等はどのような場面でみられ、それはなぜ可能になっているのか。伊谷は、ニホンザルの「遊び」に注目する。同じ年に生まれた子どもの順位は、生後すぐに明確になる。遊び相手の選択は、その順位の優劣を打ち消しながら、年齢差のない、血縁的にも近く親密な間柄にある個体が選ばれる。そして、レスリングのような遊びでは、優位者が組み敷かれ、劣位者が追うといった虚構の世界がくり広げられる。それが可能になるには、双方がこれは「遊び」だと了解する必要がある。伊谷は、ここに先験的不平等をないものにする「約束」の生成を見いだす。双方が約束に則した努力を払うなかで、現実から遊離した世界が開かれる。もし互いの行為がエスカレートしそうになると、一方が動きを止め、遊びは中断される。それは、「約束の破綻を恐れての中断、もう一度あの約束を確かめ合うための中断」である。そこでは、きわめて高度なコミュニケーション能力、相手にみずからの意を伝え、相手の意を正しく読みとる能力が必要となる。

こうした「約束」は、遊びだけでなく、毛づくろいなどの相互行為にもみられる。しかし、それらはいずれも部分的なものにとどまる。条件的平等原則の上に築かれた種社会は存在しない。それでも雌が出自集団を離れて別の集団に加入する非母系の種社会では、先験的不平等を完成させる方向にあえて進まなかったと伊谷は指摘する。チンパンジーとピグミーチンパンジー（ボノボ）は、この系列のなかで父系構造を形成した社会だ。

伊谷は、ニホンザルでは見られなかった食物の分かち合いがチンパンジーやピグミーチンパンジーで観察される点に関して、それが「流通経済の萌芽」であるとともに、「芽生えつつある平等性を単なる関係としてではなく客体として保証してゆく」もので、「自分が好ましいと思う物が相手にとっても価値ある物であると忖度する心の働き」といった「思いやりの基盤」がなければ成立しないと指摘している。[*13]

この相手の欲望を察知する能力やそれを分配される物をとおして客体化させていったという伊谷の指摘は、ルソーが他者との関係性の認知から感情の発達や尊重の観念につながったと想定したこととも重なる。食物の分かち合いには、他者とともに生きる「人間らしさ」の萌芽がある。この「分かち合い」はどのように可能になり、それがいかに「所有」という問いとつながっているのか。黒田末寿は『人類進化再考』のなかで、その問いを考察している。[*14]

黒田は、ピグミーチンパンジーの食物分配をめぐる「交渉」のプロセスを次のように説明している。まず食物を手にした個体に一メートルくらいまで近づいて、相手の様子を伺う。それは「接近の許容をえる」ための様子見だ。分配するつもりのない個体は、そうなる前に逃げ出したり、背を向けたりして、物乞い者との関係が成立しないようにする。すると物乞い者はあきらめるか、それ以上近づかないでなんらかの肯定のサインを待つ。一メートル以内に接近しても、手を伸ばさず相手を「覗き込む」だけの場合もある。

この覗き込みはニホンザルなどにはなく、食物分配が観察されているゴリラを含め、大型類人猿だけにみられる。黒田は、これを「食べているあなた、私がここにいるんですが」と自分の存在に相手の注意を引く「自己存在の呈示」として解釈する。それに対する反応のひとつが「無視」である。視線を合わさず、あたかもそこにいないかのように食べつづけることで、乞う―乞われる関係に入ることを拒否するのだ。

この「覗き込み」は、黒田が観察している手を差し出す「物乞い」とともに、食物をもつ相手に分配を促すときに頻繁にみられる行為だ。私はあなたのもつ食物が欲しい。その欲求を相手に呈示する。それが分配へと相手を促す交渉の所作なのだ。

この食物分配を促すコミュニケーションは、「互酬性」という概念をとらえなおす鍵である。それは黒田が論じる「欲求の断念と自己の客観視」という点と直接関係している。食物を分け与えるとき、その個体は自分が食べたいという欲求を（部分的にせよ）断念し、他者が自分と同じようにそれを欲しがっていることを認識している。黒田は、チンパンジー属は、他個体の欲求を自己の欲求と同じレベルで感じとり、それらを同等視するという自己を客観視する能力をもっていると指摘する。それは伊谷が述べていた「自分が好ましいと思う物が相手にとっても価値ある物であると忖度する心の働き」である。これができてはじめて、大型類人猿において「覗き込み」が「自己の欲望の呈示」として機能しうる。

ただし黒田は、人間であれば他者の欲求の存在を感じとるだけでなく、他者がその欲求を断念したことを察することができるが、チンパンジー属にはそれはできないという。人間はもらった側が、相手が自分の欲求を断念してそれを渡したことを感じとれる。だが、チンパンジー属は相手の欲求の断念までは認知できない。この差異が互酬性をめぐる類人猿と人間との違いが生じるポイントとなる。

人間は分け与えてもらった相手が欲求の断念をしたことに負い目を感じる。それが次に何か返礼しないといけない（相手の欲求の断念に対して、自己の欲求の断念で応じる）といった長期的な互酬的交換へとつながる。チンパンジー属でも、同盟関係にある個体や性的な快楽の提供などの行為と引き替えに食物が分配されるという互酬性は観察される。ただし、食物をもらった相手に食物のお返しをするといったモノとモノとの交換は顕著には見られない。人間のように受けとった者の持続的な負い目から互酬的なモノのやりとりへと発展する契機に乏しいのだ。

七　類人猿とヒトの所有論

霊長類研究で指摘された食物分配をめぐる相互行為の背後には、大型類人猿における「欲求の断念と自己の客観視」という認知能力の獲得が関係していた。さらに、ヒトでは、「他者の欲求の断念」までも認知できるようになった。では、ヒトへの進化の過程で、モノの所有や分配をめぐる相互行為はどのように変化したのだろうか。霊長類研究にみられる「覗き込み」のようなコミュニケーションは、狩猟採集民研究でも指摘されている。だが、そのあらわれ方はまったく異なっている。

市川光雄は、狩猟採集民であるムブティには、明確な「邪視」の観念はないものの、無遠慮に他人や他人のものを見つめるのはいけないとされているという。[*15] とくに食事中の人間をじっと見つめることは禁じられていて、市川が食事中に子どもが近くに来てじっと見ていると、大人が厳しく叱りつけて連れもどしていた。これは人間社会においても「視線」が自己の欲望を相手に示す直接的な表現として機能しており、だからこそ、それがある状況では忌避されることを物語っている。そこでは見つめられた側の気持ちが配慮されている。

このことは狩猟採集民の例を持ち出すまでもなく、私たちの日常でも見られる。たとえば日本で電車に乗っていて、子どもが他の乗客の持ち物をじっと見つめていると、あまり見ないように親が子の気を逸らそうとするだろう。人間社会では、視線によって自己の欲求を他者に露骨に呈示することは、恥ずべきこととして避けられるのだ。筆者も、エチオピアの農村社会の所有と分配を考えるときに、この他者の目線（欲求）を意識したモノの帰属をめぐる交渉過程に着目してきた。霊長類研究が指摘する食物をめぐる相互行為の研究は、そのままヒトの所有と分配を考えるときにも重要な示唆があるのだ。

これまで狩猟採集民研究では、頻繁に行われる食物分配を「交換」や「互酬性」とは異なるものとしてとらえる見方が優勢であった。ハッザなどの狩猟採集民の研究で知られるジェイムズ・ウッドバーンは、「分配 sharing は交換 exchange の一形態ではない」と主張し、通常の交換では生じるはずの返済の義務は狩猟採集民の食物分配では生じていないと指摘した。[*16] その議論を引き継いだトマス・ウィドロックも、「分配を互酬性や交換の概念で論じるのは誤り」だとし、狩猟採集民の食物分配とマルセル・モースが『贈与論』でとりあげた互酬的な贈与交換とを明確に区別する必要があると論じている。[*17]

しかし、狩猟採集民が互酬性という観念をもたないとか、まったく別の分配のロジックでモノをやりとりしているとしたら、大型類人猿において獲得された他者の欲求への一致といった自己を客観視する能力、そして他者の欲求の断念までもわかってしまう人間の認知能力は、いったいどこにいってしまったのだろうか。

狩猟採集民において互酬性を支える間主観性の認知能力が作用しないのであれば、彼らの食物分配と私たちが日常的に実践している贈与交換などの振る舞いは、まるで無関係になってしまう。さらに、類人猿で見られた食物分配とも連続的に論じられなくなる。互酬性が「ある」または「ない」という語り口は議論を閉塞させてしまう。それは、クラストルが批判したように、ある種の人びとを「欠如」として描く「文明」からの視点そのものである。むしろ、人類の認知能力の進化によって互酬性は普遍的に生じうるようになったものの、それを発現させないようにしたり、まったく別様のやりとりに変化させたりする方法を手にしたきた、と考えるほうが霊長類とヒトを連続的にとらえるときに有効なはずだ。この視点は、互酬性をモノの双方向の移動の有無という現象レベルではなく、そういうものとして出現しうる潜在性の水準でとらえなおすことを意味する。

ルソーが道徳性の起源としてとらえた互酬性は、「所有」という問いと密接につながっている。黒田が論じるように、人類が「自己の欲求」と「他者の欲求」を同等視できるようになり、「他者の欲求の断念」まで自分のことのようにわかってしまう存在になったときから、私たちは避けがたく互酬性の輪のなかに取り込まれることになった。その能力は「わたしのもの」と「あなたのもの」とを分ける所有の生成の背後でも作動している。黒田は、人間の所有について、こう述べている。

私たちは、誰かに所有された〈もの〉にその所有者の存在を感じてしまう。このことから、所有は〈もの〉に所有者の人格を刻印することでもあると表現できるだろう。食物が分配されるとその支配権はもらったほうに移るが、その由来は残ってしまう。物への支配力と人格の刻印という所有の二つの面が、分配によって分離するのである。〔中略〕元の所有者の刻印が容易に消えないのは、記憶による作用だけではない。分配は、所有者の欲求の断念によって生じるから、満たされなかった欲求が他者のもとで生き残るのである。そこで、元の所有者にとって分配は自己の一部を他者と共有するに等しいことになる。*18

人間は他者の欲求の断念を我がことのようにわかってしまう。だからこそ、他者からモノを受けとったとき、そこに手放した者の欲求の断念が刻印されていると感じる。その拭いきれない他者の欲求の残像が贈り物を介して人と人とを結びつける。ここにあらわれているのは、まさにモースが『贈与論』のなかでモノに人格の一部が交じり合い、それが与え手と受け手とのあいだに道徳的義務や契約を生じさせると論じた議論そのものだ[*19]。

他者の欲求を自分の欲求と同等にみなせる能力、そして他者が欲求を断念したことがわかる能力、その人類進化の過程で獲得された認知能力が、互酬性や所有を支える基盤であり、しかも贈与や交換、分配といった人間の経済活動へとつながるモノのやりとりの根底にある力学を生み出している。この視点に立つとき、私たちは霊長類学と人類学とを連続的に論じる足場と、さまざまな人間社会で人類学が見いだしてきた多様な形式のモノのやりとりを接合的に分析する視角を手にすることができる。

八　おわりに

「文明」に見出されてきた「明るさ」は、つねに「暗さ」の存在を前提としている。「野蛮」とされてきた人びとは、その「暗さ」を体現し、文明の「明るさ」を際立たせる鏡像として、十九世紀後半から人類学の研究対象になってきた。二十世紀に入ると、人類学でも単純な文明の発展段階説は否定された。だが、その後に優勢となった文化相対主義においても、野蛮と文明、非西洋と西洋、前近代と近代という、ある種の「断絶」が暗黙の前提となってきた。本稿で紹介したクラストルからスコットへの議論の展開は、野蛮と文明との対比が国家の視点にたった「文明論」に内在するロジックであり、それが人類学という学問の視座をかたちづくってきたことを浮き彫りにしている。

霊長類研究の所有と分配をめぐる議論をたどると、霊長類社会のなかにも「断絶」が見出されてきたことがわかる。しかしそれはむしろ、ヒトとチンパンジーやボノボなどの類人猿を同類としてとらえる「断絶」であり、類人猿からヒトへの進化を連続的にとらえようとする試みだった。しかし文化人類学や生態人類学の狩猟採集民や牧畜民などの研究は、その特殊性を所有観念や互酬性の「欠如」として示そうとしたことで、連続的に論じられるはずだったヒト以前からヒトへの進化のなかに、さらなる「断絶」を導入し、その議論の可能性を閉じてきた。

所有という問いを考えるとき、それを生業形態や国家の有無によって区別されるものとして論じるのではなく、人類進化のより長いスパンのなかで、ヒト以前からはじまっていた「他者」を思いやる認知能力の獲得が現在の私たちに至る所有や分配の基盤にあると認める必要がある。ある種の「文明」はヒト以前からはじまっていた。しかも、その「文明」への道のりは一直線に進む不可逆の「発展」ではなく、ヒト以後においても拒絶され、あえて望んで「野蛮」にとどまったり、交渉されたりする可変的ものだった。

野蛮と文明の所有論は、「文明」を人間の達成した進歩ではなく、ヒト以前にはじまる人類進化のプロセスに位置づけなおすことであり、人類の「野蛮」と「文明」とを行きつ戻りつしうる関係性の歴史のなかでとらえかえす試みである。

（二〇二二年十月十日）

付記

本稿は、二〇二二年十月十日に京都大学にて開催された日独文化研究所第三〇回公開シンポジウム・文明シリーズ第四回「文明論之機略縦横」での報告にもとづいている。シンポジウムを企画いただいた安倍浩先生をはじめ、報告者の横山俊夫先生やコメンテーターの山極壽一先生からの貴重なご指摘やご助言に深く感謝申し上げます。

注

1 J＝J・ルソー「人間たちの間の不平等の起源と根拠に関する論文」、『人間不平等起源論』板倉裕治訳、講談社学術文庫、二〇一六年、九五頁。
2 同書、九六—九七頁。
3 ルイス・モーガン『古代社会（下）』青山道夫訳、岩波文庫、一九六一年、三八九頁。
4 B・マリノフスキ、『西太平洋の遠洋航海者』増田義郎訳、講談社学術文庫、二〇一〇年、一六五頁。
5 杉島敬志「序論——土地・身体・文化の所有」、杉島敬志編『土地所有の政治史——人類学的視点』風響社、一九九九年、一六頁。
6 松村圭一郎『所有と分配の人類学——エチオピア農村社会から私的所有を問う』ちくま学芸文庫、二〇二三年。
7 ピエール・クラストル『国家に抗する社会——政治人類学研究』渡辺公三訳、水声社、一九八七年。
8 P・クラストル『政治人類学研究』原毅彦訳、水声社、二〇一九年、一二〇頁。
9 J・スコット『ゾミア——脱国家の世界史』池田一人ほか訳、みすず書房、二〇一三年。
10 同書、一七四—二二〇頁。

11　伊谷純一郎「人間平等起源論」、伊谷純一郎・田中二郎編著『自然社会の人類学――アフリカに生きる』アカデミア出版会、一九八六年、三四九―三八九頁。

12　同書、三五八頁。

13　同書、三七三頁。

14　黒田末寿『人類進化再考――社会生成の考古学』以文社、一九九九年。

15　市川光雄『森の狩猟民――ムブティ・ピグミーの生活』人文書院、一九八二年、一九三―一九四頁。

16　Woodburn, J., 'Sharing is not a form of exchange': an analysis of property-sharing in immediate-return hunter-gatherer societies. In C. Hann ed. *Property relations: Renewing the anthropological tradition*, Cambridge University Press, 1998, pp. 48-63.

17　Widlok, T., *Anthropology and the economy of sharing*, Routledge, 2017.

18　黒田『人類進化再考』前掲、一二九―一三〇頁。

19　マルセル・モース『贈与論』森山工訳、岩波文庫、二〇一四年。

第五章　持続可能な法秩序の構築[*1]

髙山佳奈子

一　はじめに

「文明の生成パラダイム」を「法」の視点から捉えることが本稿の課題である。「文明とは何か」を論じる能力は筆者にはないが、文明は人類が生まれた後に生まれたものであるとはいえる。そして、「法」をどのような意味で理解するかによって、それと文明の生成との時間的関係は異なってくる。

民主主義的な議会が制定した「法律」はもちろん、人類の歴史の中ではごく新しいものである。「法」は通常、それよりも広い意味で用いられている。独裁者の命令も、「ルール」として扱われていれば含まれる。人と人との関係を規律する社会生活のルールの一部が「法」だとすれば、文字を持っている「文明」がそのようなルールを記述している例は、文明における法のわかりやすい形態だといえる。だが、社会の構成員がみな文字を読めるわけではないし、現代でも「法律」と同じ効力が認められる「慣習法」は文字に書かれていないものである。たとえばある地域で山林や川などの天然資源を共同で利用する際の伝統的ルールがこれにあたる。文字を持たない文明にも社会のルールがあったのだから、それも含めて「法」を考えるならば、その歴史は「文明」よりも古く、「社会あるところに法あり」として広く理解することができる。

もっとも、動物にも「社会」は存在するが、たとえばアリやミツバチの社会が「法」を持っているとは考えられていない。それらは行動の自然「法則」に従っているだけである。そうすると、「法」とは、広い意味で考えても、何らかの形でその内容に従うべきこととされているものであるといえる。もちろん、刑罰のような峻厳な制裁や民事強制執行を定めて裁判で用いられる規範のみが法であるわけではなく、単に望ましい状態をうたっているだけの法もある。だが、いずれにしても、「べし」（当為）の意味を含む必要はあろう。「法」とは、ソフトまたはハードな強制力を伴う社会生活のルールだと考えられる。一部の動物にも、制裁を伴うそのようなルールの適用がみられるかもしれない。

このように、「文明」よりも古くから広い範囲で存在する社会のルールとしての「法」の目的は、社会の維持である。人間においては、「社会」が比較的小規模の共同体から全人類まで広狭さまざまであるが、どの社会でも、法の目的は、共同体（人類）の存続にあるといえる。たとえば憲法に定められた基本的人権も、社会を崩壊させるような形で行使することは許されず、「公共の福祉」つまり他の人の人権との調整に従う必要がある。そうだとすると、あるべき法の内容は、社会の持続可能性にかなうものであることになる。

こうした発想に対しては、憲法や国際人権法の専門家からの、全体主義的であるとの批判がありうる。確かに、個人は全体のために存在するのではなく、個人を守るために社会が存在するのだと解される。しかし、法は何のために人と人との関係を調整しなければならないのかといえば、社会の存立が前提になっているからである。カントは、社会が消滅するとしてもその前に死刑は執行されなければならないと説いた。[*2] だがそれも、他の構成員らが他の社会に統合されていくことを前提としており、人類全体が消滅しても良いとしていたわけではない。

ここに述べた「法」、すなわち少なくとも人間について「社会あるところに法あり」と考えた場合の「法」は、全体として見ると人類の持続可能性に調和する内容を備えている必要があり、これに反する内容のルールは「悪法である」か「法でない」かのいずれかであることになる。歴史的に、「個人の尊重」と「法の下の平等」を核とする天賦人権説は、宗教的な文脈で基礎づけられることが多かったが、本稿の立場は必ずしも神を前提にしておらず、むしろ自然科学的な「種の保存」を指向して理解される。筆者は、これも一種の自然法論だと考えている。

二　法共同体の範囲の可変性——国際法の歴史

(一) 共同体間の紛争

法を持つ共同体が複数ある場合、それぞれが自己の存続さらには発展を目指すと、別の共同体との間に対立を生じることがある。刑罰権を国家などの上位の組織が独占するようになった背景には、下位の共同体間の復讐の応酬に歯止めがなくなるという問題があった。現代の国際刑事法の展開も、ある国が他国に対して侵略戦争を行ったことに対する裁きや、特定地域における部族紛争を重要な契機としてきた。当該紛争自体は、人類の一部にしか直接関係していないが、国際法はこれを人類全体の問題として捉えている。[*3]

国際社会には十分な強制力を持つ統一的権力が存在していないが、国家間の紛争や、あるいは、一国内であっても民族紛争をその国自体が解決できない場合には、国際法が介入する必要がある。現在も続くこの状態を観察すれば、法の生成の一形態がうかがえる。つまり、法の淵源は国家の強制力には限られない。国際連合は最大の組織として安全保障体制を含む相対的に大きな規制力を持っているが、それも現実のパワー・ポリティクスの前にはさしたる影響力を行使することができない。その一方で、欧州人権条約体制や欧州連合のように、地域的な枠組みでかなり強い統制力を獲得してきているものもある。国際条約の立案においては、国際人権団体など国家以外の主体も一定の役割を果たすようになっている。国際法の形成過程は複合的である。

(二) 国際法の主体の範囲

現代の国際法では、さまざまなレベルの組織が主体となり、欧州人権裁判所の判例の形成におけるように個人が影響力を持つこともある。しかし、歴史的には、人間なのに主体になれなかった人々もいたことに目を向けなければならない。

初期の国際法は、「文明」国の間のルールだと考えられ、「未開人」はその外にあるものとされた。植民地は、事実的な暴力が支配する世界であったといえる。また、国家としての主体性を不完全な形でしか認めない例が、日本も経験した（している）不平等条約である。[*4] 法が主体の尊重と平等とを基盤にするとすれば、国が主体となる場合にも、それらが認められているものだけが完全な主体であることになる。それと同時に、個人のレベルで見れば、どの国も国籍による差別を設けている。

(三)「人類共通の敵」としての海賊

国が不平等であった時代にも、国際社会がほぼ全体的に合意できるルールもあった。古くから国際法上の犯罪と考えられてきたのは海賊である。「一七世紀後半から一八世紀半ばにかけて、少なくとも公海上で他の船舶に対して私的な目的のために強盗、強奪を行う者を国際法上の海賊とみなす国際的な見方は一致していった。このような方向性は一九世紀に至り更に明確化され、国際法上の海賊嫌疑を擁する船舶に対しては、何れの国家も公海上における臨検、捜索の権利を有し、嫌疑が明らかとなった時点でこれを拿捕し、自国の国内法に照らして処罰できるとした慣習国際法規則に昇華する」[*5]。海賊は「人類共通の敵 hostis humani generis」とも呼ばれてきた。海賊行為は個別に見れば、特定の被害者の命・身体・自由・財産を侵害したり危険にしたりすることでもある。なぜ、個人に対する攻撃であることを超えて「人類共通」の敵なのか。人類共通ということは、海のない国々にとっても敵だということである。ここでは二つの要素が特に重要である。一つは、被害者側の人や船には国籍があるけれども公海はどこの国の統治にも属さないこと[*6]、もう一つは、海上交通への攻撃が国際経済そのものを害し、海のない国にも影響することである。

いずれの要素も、現代の国際刑事法の理解にとって有意義である。被害者に対する加害が行われているのに、どこの国も取り合わないという事態は回避される必要がある。それと同時に、国際経済に対する罪は全世界に対する罪である。海賊を恐れて海上交通が使えなくなれば、その害は世界的広がりを持つものとなる。結局海賊については国際法上、どこの国でも拿捕して処罰してよいことになっている。つまり、直接の被害者が自国民や自国船でなく、加害者も自国民でないとしても、いずれの国も国際経済上の被害者であるから、処罰できる。国際社会全体を保護するために自国の刑法や刑事手続を及ぼすことを「普遍的管轄権[*7]」という。

日本での手続の例として、バハマ船籍の商船三井タンカーに対するソマリア沖での海賊行為の裁判がある。海賊の処罰を定める一九八二年の国連海洋法条約を日本が批准したのは一九九六年だが、そのかなり後の二〇〇九年[*8]に「海賊行為の処罰及び海賊行為への対処に関する法律」が制定された。二〇一一年にこの海賊被害が発生し、米軍が犯人らを拘束して日本に身柄を引き渡した。二〇一三年から東京地裁で裁判員裁判[*9]が開始され、二〇一四年の最高裁の判断までで被告人四名について懲役一一年、一〇年、一〇年、五~九年（少年刑[*10]）が確定している[*11]。

（四）国際協力の必要性

現在の国際刑事法には、海賊のように国際条約によって犯罪とされ、各国が協力して対処すべきこととされている類型もあれば、国際刑事裁判所規程で定められる犯罪のように、超国家的な刑罰権の対象にもなる類型もある。また、通常の殺人罪のように、個人に対する犯罪であっても、犯人の国外逃亡などによって国際的要素を含むこととなる場合がある。どのパターンにおいても、国際的な協力が必要であり、放置すべきでないとされる。いずれの国でも犯罪として扱われている重大な加害行為について、国際法では古くから、犯人が存在している国は、刑罰権を行使しようとする国にその身柄を引き渡すか、そうでなければ自ら刑事手続を行わなければならないといわれてきた（引渡しか処罰かの原則、aut dedere aut judicare）。国際刑事裁判所規程は、ジェノサイド（集団殺害）罪、人道に対する罪、戦争犯罪、侵略の罪という四類型を中核犯罪として定め、それらについて、適切に処罰できる国がない場合に、「不処罰の文化」を克服するために刑罰権を発動できることとされる。

国際社会全体として、犯罪を放置すべきでないことが、広い意味での国際刑事法の存在理由になっている。したがって、一方で、国際刑事法の対象となっている犯罪をどのように分類するかは、それ自体として重要なわけではない。たとえば、日本の通貨を国外で偽造する行為は通貨偽造罪（刑法一四八条）の国外犯（刑法二条）として処罰されるが、日本法は、外国通貨の偽造を処罰する規定も持っている（刑法一四九条）。これは外国に代わって刑罰権を発動する「代理主義」的な発想に基づく罰則ともいえるが、国際経済に対する加害への対処と捉えれば、日本も被害者である。

他方で、中核犯罪とされる四類型でも、国際法秩序だけが害されているわけではなく、具体的な被害者たる個人が存在する。自国民が被害者でない場合であっても、中核犯罪は国際社会全体の関心事である。通常の殺人罪でも、逃亡犯罪人引渡し制度などによって、被害者国籍国でも加害者国籍国でもない国が刑事手続の実現に協力すべきこととされているのは、人命が普遍的な価値であり、殺人罪への対処の必要性も普遍的に認められるからである。

このように、犯罪の定義の広狭や刑罰の軽重は国により相違するとしても、各国に共通して対処の必要性が承認されている部分があり、それが国際刑事法の基礎をなしている。

三　法政策形成の具体例——ヒト胚の遺伝的改変

（一）人類の持続可能性

ジェノサイド罪は分解すると個人に対する殺人罪などの罪の集積であるように見えるが、一国内の部族対立により生じたような場合であっても、国際犯罪であることになっている。これは、ある属性を持つ集団をせん滅しようとすることが、人類に対する攻撃だと考えられることによる。ナチスがユダヤ人を虐殺したことは、優生主義に基づく差別的犯罪だと理解されている。ナチスは同時に、「優秀な血統」を増殖させる政策をとっていた。

優生主義は人間の尊厳に反するともいえるが、日本国憲法の用語でいえば「個人の尊重」と「法の下の平等」に反している。もっとも、本稿の冒頭で述べた自然科学的あるいは人類学的な観点からすると、優生主義は、憲法以前に、人類の持続可能性を危うくするから認められないのだともいえる。現在、生態系を守ることによって人類の持続可能性を保護するために、生物の多様性の保持が法的にも目的とされ、絶滅危惧種の保護や、遺伝子組換え生物の拡散の禁止が法律によって定められているところである。同じように、人の多様性も守られなければ、人の持続可能性も危殆化される。たとえば、変化する自然環境への適応能力を備えた人の生き延びるチャンスが減殺される。

特定の遺伝的形質を選び、他を排除する行為が、社会の存続を危うくすることが明らかな例として、性差別に基づく男女産み分けがある。実際に、世界のいくつかの地域で、男尊女卑が根強いために、多くの人々が男児を持とうとした結果、新生児の男女比に著しい偏りが生じていることが報告されている。次世代が男性ばかりになれば、その社会は一代で消滅する[*12]であろう。また、ある遺伝的特徴が人類にとっていかなる意義を有するかは簡単に判断できないのであって、デメリットと思われる形質を排除した結果、メリットまで失われてしまうこともありうる。人の全ゲノムの解析が可能となり、誰でも重篤な遺伝的疾患の因子を複数持っていることが明らかになった。発症するか否かは偶然の組合せによるものにすぎない。遺伝的に優れた人と劣った人がいるわけではない。望ましくない要素を全部排除すれば人ゲノムはなくなってしまうかもしれない。

人の多様性の保持は、将来の環境適応性の保持だともいえる。民主主義は、少数者も含めできるだけ多様な人から情報や意見を集めて熟議により検討し、一定の政策を選び取っていくプロセスである。コンセンサスが得られなければ多数決によらざるをえないが、それは、多数者がいかなる法制度をも作れるという意味ではない。ナチスの行った独裁は、自然科学的にも政治的にも、人類の持続可能性に対する攻撃であったといえる。

持続可能性のない法制度は自己破壊的システムである。国連開発計画「持続可能な開発目標」(いわゆるＳＤＧｓ、Sustainable Development Goals)は、環境保護や平等をうたっており、総花的で項目間の内容の重複もみられるところであるが、それでも法制度構築の指針として参照すべき価値があると思われる。[*13]

（二）法規制の基礎

人の遺伝的形質を人為的に操作することは、現在の日本で法律の直接的な規制対象となっていないが、考え方としては、日本の法制度もその制限ないし禁止を基礎づける理念をすでに有している。これを将来の人類に影響を与える行為として捉えた場合、それに対する規制は「環境法」分野に属する。これに関連する日本国憲法の下での特に重要な原則としては、次のものが挙げられる。

まず、先にも触れた「個人の尊重」（一三条）がある。同じ条文に「幸福追求権」も規定されており、病気を克服する権利を含むと考えられる。そして、病気の克服を目指す研究者や医療従事者には「学問の自由」も保障されている（二四条）。これらは、たとえば将来世代に影響しない体細胞のゲノムへのはたらきかけを広く認めるべきことにつながる（一般的な遺伝子治療）。個人として尊重される人は、すべて「法の下の平等」（一四条）を享受する主体でもある。まだ人として生まれていない胎児・胚・受精卵は個人ではないため、日本の憲法上は基本的人権の主体ではないが、日本国憲法は、「この憲法が国民に保障する基本的人権は、侵すことのできない永久の権利として、現在及び将来の国民に与へられる」としている（一一条、同旨九七条）[*14]。これらの基本的人権を制約するためには、国会で民主主義的に定められた「法律」の根拠が必要である[*15]。

その際の制約原理は、「公共の福祉」である（一二条）。これは、他人の基本的人権との調整という意味である。複数の人権が対立するとき、「利益衡量」による制約が認められる。「法の下の平等」も、絶対的なものではなく、合理的な差別であれば許容される。

この領域での利益衡量の際には、次の方法がふまえられる必要がある。まず、「侵害原理」（harm

principle）は、他人に対する害か危険がなければ、権利や自由を制約してはならないという原則で、「公共の福祉」による基本的人権の制限の基礎でもある。このうち「危険」をどのように判断するかについて、環境法分野では「予防原則」がうち出されている。これは、新技術などが人の健康や環境に重大かつ不可逆的な影響を及ぼすおそれがある場合、科学的に確実な因果関係が証明されない状況でも、規制が可能だとする考え方である。国連環境開発会議（ＵＮＣＥＤ）における一九九二年のリオデジャネイロ宣言が「原則一五」でこれをうち出しており、「環境を保護するため、予防的方策は、各国により、その能力に応じて広く適用されなければならない。深刻な、あるいは不可逆的な被害のおそれがある場合には、完全な科学的確実性の欠如が、環境悪化を防止するための費用対効果の大きい対策を延期する理由として使われてはならない」とする。*16

先に言及した国連の「持続可能な開発目標」は、衡量される諸利益として次のものを含んでいる。目標三は「すべての人に健康と福祉を」（Ensure Healthy Lives and Promote Well-Being for All at All Ages）とし、病気にならないことや病気を治すことが目指されている。目標一〇は「人や国の不平等をなくそう」（Reduced inequalities）としており、これには障がい者差別の克服が含まれよう。目標一四の「海の豊かさを守ろう」（Life below water）は特に生態系の維持をうたっており、目標一五の「陸の豊かさも守ろう」（Life on land）は「生物多様性損失の阻止」に言及するものだとされる。

(三) 人の遺伝的形質の操作

現時点で、将来世代に影響を及ぼす人の遺伝的形質の操作には、すでに複数の技術がありうることとなっている。日本で「ヒトに関するクローン技術等の規制に関する法律」が制定された二〇〇〇年には、遺伝子の全コピーであるクローン技術と、人と動物を混ぜる技術しか、現実的な問題となっておらず、好ましい遺伝的形質を選んで子を誕生させるいわゆる「デザイナーズ・チャイルド」はSFの世界のこととして抽象的に論じられていたにすぎなかった。ところがその後、ゲノム編集技術であるクリスパー・キャス9（CRISPR Cas9）が開発され、さらにミトコンドリアDNAの置換によって遺伝的な親が三人になる技術も可能となり、前から存在していた遺伝子組換え（動植物において、他種生物の遺伝子を組み合わせる）技術も含めるとかなり多様な操作がありうるようになってきた。多様性保持の観点では、異種遺伝子導入にも同種内編集にも共通の問題がある。[*17]

しかし、条文は必ずしも明確でないものの、クローン技術規制法からは、これらの技術に一定の制約を与える理念を読み取ることができる。同法一条は、「人の尊厳の保持、人の生命及び身体の安全の確保並びに社会秩序の維持〔……〕に重大な影響を与える可能性」が規制根拠だとしている。二〇〇〇年当時は、クローン人間の産生と、人と動物の区別を危うくする生物の産生だけが犯罪として定義されることになったのだが、同様の有害性のある新しい技術は、今後、法律によって規制対象とすべきことがここから導かれよう。

この二つの犯罪類型は、「法の下の平等」（ゲノム差別の原則禁止）と、種としての人の保持が、法の目的に含まれることを示している。いまだ、遺伝子組換え人間やゲノム編集人間の産生は処罰対象とされなかったものの、法律のこの趣旨からは当然禁止すべきことが導かれる。もっとも、後述するように、合理的な差別は許容されるため、重大な不利益が予想される場合には、利益衡量により着床前診断などの「ゲノム差別」を認める余地がある。

日本では法律の規制がまだできていないが、クリスパー・キャス9の登場以前から存在する「遺伝子治療臨床研究に関する指針」は、ヒト胚ゲノム編集を禁止する内容となっている。また、政府の総合科学技術・イノベーション会議生命倫理専門調査会は、「ヒト胚の取扱いに関する基本的考え方」見直し等に係るタスク・フォースを設置し、二〇一八年八月三〇日に「ヒト受精胚へのゲノム編集技術等を用いて「病態解明」を目的とするものについては、主に遺伝（先天）的要因により発症する疾患については、一定の要件を充たす場合に限り、研究（「基礎的研究」に限る。以下、同じ。）の実施を容認してはどうか」、また「治療法開発」を目的とした研究については、「優生学的な観点からの検討、国民の同意、新たな知見の把握、新たな技術の開発等が行われた場合に改めて検討を行うこととしてはどうか」とする素案を公表している。*18 ただし、ここにいう「国民の同意」には注意を要する。日本法の過去の歴史には、優生保護法による不妊手術（精神疾患や遺伝性疾患だけでなくハンセン病の場合まで含んでいた）の強制や、性別適合手術の処罰があった。多数決で定められる法律は、多数者が嫌っているものをそれだけの理由で排除してしまう危険がある。個人の尊重と平等原則に基づく少数者の保護は、多数者の感情によって損なわれてはならない。

(四) ヨーロッパの議論

1　EU

海外ではより明確に、規制の根拠となる考え方をうち出す立法や文書がみられる。ヨーロッパではナチスの経験から、もともと、国内法で優生主義を規制する国が多かったところ、欧州連合（ＥＵ）が二〇〇〇年に定めた基本権憲章も、人の選別につながる優生主義を禁止している。[*19] また、ＥＵの欧州委員会の下に設置されたグループ（The European Group on Ethics in Science and New Technologies）の声明は、英国が卵子のミトコンドリア置換によるミトコンドリア病の治療を認めたこととクリスパー・キャス９の開発とを受けて、二〇一六年に声明を発出した。それによれば、この領域に関する議論を安全性の問題に矮小化すべきでなく、ヒト以外の生物でも環境への影響を倫理的に考慮する必要があるとされる。さらに、基礎研究と臨床研究の区別、治療とエンハンスメント（体細胞も含む）の区別の困難性にも言及し、慎重な検討を要するとしている。

２　ドイツ

各国の法規制のうち特徴的なものを見ると、まずナチスの克服を課題としているドイツでは、戦後の新しい憲法（連邦共和国基本法）一条が、「人の尊厳」を広く受精卵や胚にも及ぼすように解釈されてきた。そのため、胚保護法（一九九〇年制定、二〇一一年改正）は、ヒト胚の取扱いを厳しく規制している。研究目的でのヒト胚の作製は禁止されており、配偶子の遺伝情報を改変することも禁止され、ヒト胚での研究も基本的に禁止されている。もっとも、国の倫理委員会内には、日本のように余剰胚を用いた研究を認めるべきだとの意見も存在する。生殖補助医療で不要となったいわゆる「余剰胚」は、妊娠・出産につなげることができないため、廃棄するほかない。それを研究に用いることは、日本では認められているが、ドイツでは認められないのである。またドイツは憲法に環境や動物を保護する条項も設けている（二〇a条、二〇〇二年）。EUでは、クリスパー・キャス9の技術が出てくる前に、異種生物間の遺伝子組換え技術を規制する遺伝子技術規制立法をしていたが、二〇一八年当時のドイツの環境大臣は、これがゲノム編集技術にも適用されるとの見解を示した。

3 フランス

優生主義が人類に対する罪であることを刑法典で明確に示したのがフランスである。ナチスが行ったような差別行為やナチスを賛美する行為の処罰は以前から存在していたが、特に二〇〇四年の生命倫理法による刑法改正で、その体系的な位置づけが明確になった。新法では、刑法各側（第二巻）の冒頭、第一編第一部の表題が「人道に対する罪」であり、その中で初めの第一章が「ジェノサイド罪」、第二章が「人道に対するその他の罪」、これに続く第二巻第一編第二部が「種としての人に対する罪」とされ、その中の第一章が「優生主義の罪および個体産生クローニングの罪」となっているのである。通常の殺人罪にあたる故殺罪・謀殺罪は、第二巻「第二編」第一部第一章に規定されている。つまり、フランス刑法は、殺人罪よりも前に、人類に対する罪を置いており、その中で、ジェノサイドに次ぐ重大犯罪として、優生主義を実践する行為を、クローン人間産生と並べて規定している。これは、クローンも、特定の遺伝的形質を選び出す（たとえば、亡くなった子と同じ遺伝子の子をもう一度誕生させる）行為である以上、優生主義の一種と理解されることを示している。

二〇一一年の法改正では新たに、胚の遺伝子の中に外部の別の遺伝子を追加するトランスジェニック胚（embryons transgéniques）および異なる遺伝子型を持つ細胞で組織されるキメラ胚（embryons chimériques）の作製を禁止した。現在は、生殖補助医療をどこまで認めるかが、法改正の主な焦点となっている。

なお、日本と同様、ヒト余剰胚を用いた研究は限定的な範囲で可能である。また、日本とは異なり、動物も保護団体を通じて訴訟当事者になれる。

四　日本への示唆

前述のとおり、日本法においては、優越利益を保護する利益衡量の考え方が広く採用され、たとえば、原則は堕胎罪（刑法二一二条以下）となる人工妊娠中絶も、母体保護法によって、一定の条件を満たせば合法となる。主な条件は、性犯罪により妊娠した場合であるか、妊娠・分娩が母体の健康を害するおそれ（経済的理由によるものも含む）のある場合であるかであって、一定期間内に資格ある医師によって実施されることである。

同様の利益衡量の考え方により、遺伝的形質による選別となる場合であっても、合理的な差別ならば、憲法上許容されることになる。ゲノム差別がやむをえないこととなる例外は、選別を行わないことによる不利益が大きすぎる場合である。具体例として、着床前診断による筋ジストロフィーの回避が挙げられる。人工妊娠中絶にもあてはまることだが、本来、遺伝的形質によらず、生命の価値は平等である。差異による不利益を縮小する社会的・技術的手段が進めば、例外を許容しなければならない範囲も小さくできる。現在、「合理的な」差別の根拠となっているのは子自身や親の過大な負担である。

これを前提に、着床前診断でいかなる遺伝子を排除してよいこととなるのかが議論されることになる。一方で、特定の遺伝子の排除が人ゲノムの多様性を減殺し、他方で、医療を始めとする福祉や教育は社会全体で負担すべきものであるのにもかかわらず、親や本人が苦しい思いをしなければならない現実がある。現状の改善も重大な福祉政策的課題であることはいうまでもない。

病気の克服は、健康な生活を目指すものであるが、それと人の身体的能力の拡張（エンハンスメント）との間に連続性があることは、欧州グループが指摘していたとおりである。重篤な遺伝的疾患の克服が認められる一方で、スポーツ競技に勝利するために訓練や通常の生殖の限度を超えて人体改造や育種を行うこと、たとえばいわゆる遺伝子ドーピングなどは制限されるべきであろう。しかし、現にスポーツルールにおいてもドーピング規制物質の使用について治療のための例外が認められていることが示すように、両者の限界づけは微妙であり、ルールは随時改訂されてもいる。

日本にはまだヒト受精卵や胚を一般的に保護する法律がなく、世代を超えて影響する遺伝子改変についての法規制もクローン技術規制法にしかない。将来的には諸外国で行われているような生命倫理に関する基本法の制定が望まれる。それと同時に、こうした技術は、国際的に協力して規制しなければ、抜け穴となってしまう地域が出る。諸外国の中には、優生主義の罪を重大犯罪として処罰しているところもあるため、それに関する国際協力は国際刑事法分野の課題ということになり、日本では、警察や法務省刑事局、あるいは外務省が管轄すべきこととなる。それに至らない規制は行政的な領域であり、日本では臨床医療につき厚生労働省、研究につき文部科学省が管轄を持つ。さらに、医学に関する学会や医師会のような政府外組織が専門的知見を基に発出する見解やガイドラインなども現場において重要な役割を果たす。このように、この課題に対処する公的組織も民間組織も複数かつ多様である。

他国との協力にあたっては、宗教や文化の相違をふまえる必要もある。たとえば、キリスト教が支配的である法文化と、日本とでは、出生前の生命に対する理解や動物保護の範囲が異なっている。実は、基本理念を法定している諸国にあっても、遺伝性疾患や、ダウン症のような遺伝しない障がいを持つ胚や胎児は、日本より広い範囲で排除されていることが多い。しかし、高度の知能を前提とするコミュニケーションができなくても、生命には価値があるとする伝統が日本にはあるのではないか。これらの多数の要素をすべて考慮して、あるべき法政策をうち出すことが、法学の専門家には求められており、その際には自然科学や哲学・倫理学・宗教学を含む人文諸科学の知見を採り入れることも不可欠である。*[20]

(二〇一八年十一月二十五日)

注

1 本稿は、二〇一八年一一月二五日に京都教育文化センターで開催された日独文化研究所公開シンポジウム「文明(第二回)」での報告に加筆・修正を加えたものである。

2 Immanuel Kant (hrsg. v. Wilhelm Weischedel), *Metaphysik der Sitten*, 9. Aufl., Suhrkamp Taschenbuch, 1991, 455.

3 国際刑事裁判所規程も、対象犯罪は国際社会全体の関心事となるほど重大なものであるとしている(前文、五条一項)。

4　いわゆる日米地位協定は、他の敗戦国よりも日本を悪い地位に置いている。

5　逸見真「国際法における海賊行為の定義」、『海事交通研究』第五八巻（二〇〇九年）五頁。

6　第二次大戦期までの日本の刑法には日本国民に対して国外で行われた犯罪を処罰する規定があったが、一九四七年にいったん削除されていた（旧三条二項)。しかし、パナマ国籍船で日本人がフィリピン人に殺害されたいわゆるＴＡＪＩＭＡ号事件を契機として、二〇〇三年に、新たに三条の二として、日本人を被害者とする国外犯の処罰が一部復活した。

7　普遍的管轄権ないし世界主義に基づく処罰は、従来、自国に関係のない行為にも自国の刑罰権を及ぼす場合であると説明されることもあったが、人類に対する罪が対象であるので、どの国も被害者の一部だと解すべきである。その点で、国家保護主義に基づく国外犯処罰との間に質的な相違はない。たとえば、日本の通貨を国外で偽造する行為は、日本の刑法の通貨偽造罪で処罰できる（刑法二条）が、日本円の偽造が国際経済に対する罪でもあることを考えれば、他国もまた被害者だといえる。

8　二〇一五年の組織的犯罪処罰法改正（いわゆる共謀罪法の制定）の際に、日本は国内法に罰則を設けなければ国際条約に参加できないかのような言説がみられたが、そのような制限はない。日本は国際刑事裁判所に参加するにあたり、国際刑事裁判所規程の犯罪の定義に合わせた刑法改正を全く行っておらず、国際刑事裁判所の手続を妨害する罪を新たに処罰することとしただけである。

9　法定刑の中に無期懲役が含まれているため、裁判員対象犯罪となる。

10　正確な年齢が不詳であったため少年として扱われた。東京地判平成二三年一一月四日ＬＬＩ／ＤＢ〇六六三〇四六五。

11　東京地判平成二五年二月一日ＬＬＩ／ＤＢ〇六八三〇〇〇四、東京地判二月二五日ＬＬＩ／ＤＢ〇六八三〇

○四六、東京地判四月十二日ＬＬＩ／ＤＢ○六八三○二一七、東京高判平成二五年一二月一八日、『高刑集』第六六巻第四号六頁、東京高判平成二六年一月一五日、『東高刑時報』第六五巻第一～一二号一頁・『判例タイムズ』第一四二二号一四二頁（上告棄却）。

12　配偶子をＥＳ細胞やｉＰＳ細胞から作成して受精させるところまでは可能でも、妊娠・出産を女性の身体以外が肩代わりすることは（当面）できないので、女性がいなければ人類は滅亡する。逆に、男性はいなくても生殖が可能となる技術自体はマウスにおいて開発されている。これは潜在的に、同性カップルが子を持つ権利を認めている国では議論の対象となりうる生殖補助医療技術である。

13　注1のシンポジウムの直前に、いわゆる未接触部族（非接触部族）に宣教しようとした人が部族により殺害されたとの報道があった。外の社会との交流のないこのような部族は世界に一〇〇以上あるといわれている。閉鎖社会を長期間続けているこれらの人々は、極めて限られた免疫体系しか持っていないと考えられ、外部から異物が持ち込まれれば、病気で全滅してしまうかもしれない。これらの人々が侵入者を攻撃するのは生存のための正当防衛だともいえる。その多様性も守られる必要があるとすれば、これら部族は国連体制に参加し協力する義務を負うものではない。

14　現在の人類が将来の人類も保護する必要性につき、高山佳奈子「将来世代の法益と人間の尊厳」、『町野朔先生古稀祝賀論文集』上巻、二〇一四年、五頁以下。

15　この点は欧州連合（ＥＵ）加盟国でも基本的に同じだが、ＥＵは加盟国の法律の方向性を決定することができる。かつてはＥＵの政策決定が民主性を欠くと批判されたが、制度改正により、欧州議会が民主的な権限を強化してきた。

16　PRINCIPLE 15. In order to protect the environment, the precautionary approach shall be widely applied by States according to their capabilities. Where there are threats of serious or irreversible damage, lack of full scientific certainty shall not be used as a reason for postponing cost-effective measures to prevent environmental degradation.

17 ブタの胚にヒトの細胞を混ぜてブタにヒトの移植用臓器を作らせる研究について、高山佳奈子「医学研究規制における人と動物の区別」、『文明と哲学』第一〇号、二〇一八年、二〇八頁以下で検討したことがある。

18 注1のシンポジウムの翌日である二〇一八年一一月二六日に、中国でゲノム編集を施された双生児を誕生させたとの報告が公表され、中国を始めとする各国および国際組織が対応を余儀なくされる事態となった。日本法のあるべき対応についての検討は、高山佳奈子「ヒト胚の遺伝子改変をめぐる国際的なルールメーキング」、『法学セミナー』二〇一九年七月（第七七四）号三三頁以下、同「ヒト胚ゲノム編集に関する日本の法技術的課題」、『学術の動向』二〇二〇年一〇月（第二九五）号二五頁以下に公表した。

19 Ⅱ―六三条二項b（prohibition of eugenic practices, in particular those aiming at the selection of persons）。

20 こうした課題に分野横断的に取り組むことのできる組織は、日本学術会議である。筆者は二〇一七年から二〇二〇年まで同会議の科学者委員会「ゲノム編集技術に関する分科会」、二〇二〇年からは「ヒトゲノム編集技術のガバナンスに関する委員会」のメンバーとして活動している。これに対し、総合科学技術・イノベーション会議は、専門家による人選が行われていないため、課題遂行能力に制約がある。

第三部　文明開花——美術・芸術

第六章　神々と人の姿　古代ギリシア・ローマ美術

芳賀京子

古代ギリシアの文化は、古代ローマ文化に大きな影響を及ぼした。そのため、神話にせよ文学にせよ美術にせよ、しばしば「ギリシア・ローマ」と一括して呼ばれている。だが両者は、地理上や言語上の違いはもちろん、もしクラシック時代までのギリシアと帝政期に入ってからのローマを比較するなら、政治的にも文化的にも大きく隔たっている。美術にもその差ははっきりと見て取れる。本稿で取り上げるのは、現在の西洋美術の根幹にあるとされながらも本質的に異なるこの二つの古代美術の、神々と人間の表象である。その際、ギリシア美術については（使い古された言葉ではあるが）「人間中心」、「美にして善」、「競争意識」という三点から検討し、それに対比する形で、ローマ美術については「皇帝中心」、「教養主義」、「伝達力」、という三点から、その特徴を考えることにしよう。

「人間中心」のギリシア美術

どんなに稚拙であっても——あるいは稚拙であればこそ——具象美術は作者の目に映った世界を反映している。逆にいえば、われわれは古代美術を通して、古代の人々の目に映ったこの世の光景を知ることができるわけだ。

狭義の「ギリシア文明」である前一千年紀の古代ギリシア人は、ごく初期から人間の姿を表現することに注力した。これは古代美術において、決してあたりまえのことではない。例えばミノス文明の土器に表されている主要モチーフは、もっぱら植物や海洋生物だ。噴火で埋もれたテラ島アクロティリ遺跡の壁画には、百合やサフラン、猿や燕といった動植物が画面いっぱいに描かれている。神々や人間の姿は、ごく小さな女神像や礼拝者像がつくられたほか、祭祀や女神の顕現場面が絵画や浮彫に表現されてはいるが、その目的はあくまでも儀式という特殊な場面の再現だ。彼らの関心が人体そのものにあったようには思われない。

儀式場面の表現は、ミノス文化の強い影響下にあったミュケナイ美術にも取り込まれた。しかしそれ以外の部分では、ミュケナイ人は人間の表現に関してはミノス人以上に無関心だった。ミュケナイの円形墓域Aで出土した黄金の仮面は人の顔を表してはいるが、死者の顔を覆う用途に特化したものであり、その造形がほかの人間表現に転用されることはなかった。礼拝者を表したと思われる数多くのテラコッタ小像の全身の形状は、ギリシア文字との類似から「Ψ型」「Φ型」と呼ばれるほど抽象

図1 《ディピュロンのアンフォラ》(胴部の一部、遺体安置(プロテシス)の場面) 前760—前750年頃 アテネ、ケラメイコス地区ディピュロン付近出土 アテネ国立考古学博物館

的だ。もう少し大きな、胴体部分が円筒状のテラコッタ像もあるが、それにしても円筒に頭部と腕がついただけの単純さだ。

前一二〇〇年頃に地中海の青銅器文明が一斉に崩壊し「暗黒時代」に入ると、土器の種類は急激に乏しくなり、その表面は直線や曲線からなる抽象的な幾何学文様で埋め尽くされる。ギリシア人が再び具象を表現しはじめるのは、ようやく前八世紀のことだった。その時、彼らが最初に集中的に取り上げたのは、動植物ではなく人間だった。戦闘や狩猟、そしてとりわけ葬礼場面(**図1**)が、場面の状況を説明することに細心の注意を払いつつ、陶器上に丁寧に描かれるようになったのだ。[*1] もっともこの時点では、人体表現はまだ単純な形状を黒く塗りつぶしたものにすぎない。楕円の頭部、逆三角形の上半身から、二本の腕と脚が生えているだけだ。しかし単純だからこそ、彼らが人体のどこに注目したのかがよくわかる。逆三角形の上半身は正面向きに捉えられており、広い肩と胸、引き締まった腰が強調されている。一方、下半身は側面からの視点で描かれており、たくましい臀部と上腿がはっきりと見て取れる。

前七世紀に入ると、ギリシア美術にはオリエント美術の影響が顕著となり、一時的に動物フリーズや植物文が陶器装飾の主流となる。しかし世紀後半になり、エジプトから彫刻技術が流入すると、ギリシア人は身近にある石灰岩や大理石を用いて、本格的に人体表現に取り組みだした。前六世紀には、「クーロス」と通称される男性裸体立像が数多くつくられたが、数十年のあいだに自然な人体表現が可能となっていく様子は、まったく目をみはるほどだ（図2）。このクーロスは、神々を表していることもあれば、叙事詩の英雄、あるいは人間を表していることもあった。ギリシアでは、神々も人間

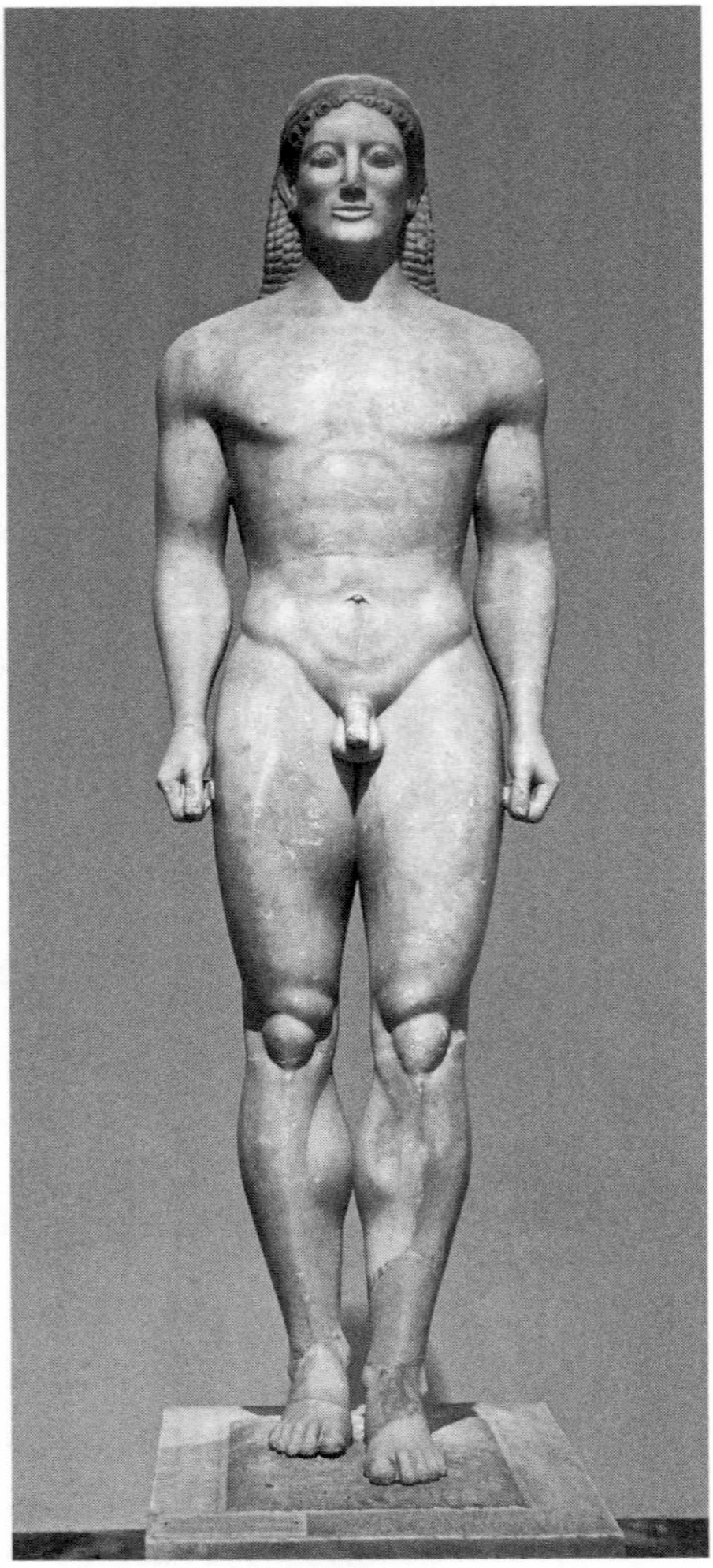
図2　《アナヴィソスのクーロス》　前530年頃　アッティカ地方アナヴィソスの墓地出土　アテネ国立考古学博物館

も同じ姿形をしていると考えられていたから、美しい人体表現を追求することは、神々の表現の探究でもあったのだ。

前六世紀後半には、失蠟鋳造法によって内部が空洞のブロンズ像（青銅像）を制作する技術が導入される。ブロンズは延性に優れ、中空ならば大理石像よりも軽量である上、ブロンズ像のもととなる原型の概形は、粘土の塑像として形づくられる。[*2] だから彫刻家は、石を彫るよりもはるかに自由に、試行錯誤を繰り返しながら、さまざまなポーズのブロンズ像をつくりだすことができた。こうして生み出されたのが、全裸で円盤や槍を投げたり拳闘のポーズを取ったりしている、若く美しい運動競技者たちのブロンズ像だ。

前五世紀は（建築彫刻や墓碑などを除けば）ブロンズ像がギリシア彫刻の主流だった。だが前四世紀に彫刻家が女性表現に取り組むようになると、大理石彫刻も再び盛んになる。透き通るように白い肌や複雑な影を落とす繊細な衣文表現に、この素材は最適だった。しかし運動競技者の像は、引き続きブロンズ像として作られ続けた。また都市国家に貢献した個人を公的に顕彰する際に、ブロンズ像を建立するという慣習も広まり始める。こうしてヘレニズム時代のギリシア都市のアゴラや神域には、神々の像とともに、次第に人間の像も増加していく。

「皇帝中心」のローマ世界——都市の光景

帝政期のローマでは、クラシック時代までのギリシアとは比べものにならないほど、数多くの人間の像が建立された。そのなかでも圧倒的多数を占めるのが、皇帝家の人々の肖像だ。皇帝肖像は、都市のいたるところに存在していた。古代末期の文献ではあるが、セウェリアヌスは「皇帝があらゆる人のところに臨席することは不可能だから、皇帝の像は法廷に、市場に、公会堂に、そして劇場に、建立されなければならない。つまり、公的な行いに対して皇帝が承認を与えることができるよう、そうした行為がなされるすべての場所に、皇帝の肖像は存在しなければならないのだ。皇帝は人間にすぎず、あらゆる場所に存在するわけにはいかないのだから」と述べている。*3 何らかの公的機能を担う建造物には、その権威の源を明示する意味で、皇帝像が必要だったというわけだ。公的な空間だけではない。私的領域にも、皇帝一族の肖像はあふれていた。マルクス・コルネリウス・フロントが、かつての教え子マルクス・アウレリウスに書き送ったように、*4「(マルクス・アウレリウスの肖像は)すべての両替商の勘定台、屋台や露店、軒先、玄関、窓辺、ありとあらゆるところに」置かれていた。「そのほとんどはまったくひどい絵、あるいは粗雑な粘土像、あるいは偽物のミネルウァの技の彫刻」だったようだが、それでも店先に皇帝一家の肖像があれば、その権威のおこぼれに預かることもできたのだろう。

ローマ市内における具体的な皇帝肖像の建立場所としては、ローマ市内で出土したことが記録に残っている一五三例の肖像台座が手がかりとなる。*5 フォルム・ロマヌム、諸皇帝広場、フォルム・ボアリウムといった公共広場のほか、公共浴場、コロッセウム、劇場などの娯楽施設、カピトリヌス丘、オクタウィアの柱廊などの神域、パラティヌス丘やアウェンティヌス丘の邸宅、庭園。しかし残念ながら、ローマの街中に存在していた美術品は、その後の長い歴史の中で破壊・撤去・略奪の対象となったため、台座の出土位置も古代の実態を示しているとは言い難い。そこで、少なくとも後七九年という時点での実際の街の光景をより良く保存している都市、ポンペイのフォルム周辺の様子を見てみることにしよう（図3）。

ポンペイがローマの植民市となった前八〇年頃、このフォルムの空間は既にローマの影響を感じさせるものになっていた。[*6] 北側には、ヴェスヴィオ山を背景としてユピテル神殿がそびえていたが、ここにはローマのカピトリウムと同じ三神（ユピテル、ユノ、ミネルウァ）が祀られていたのである。一方、西側にはアポロ神殿、南側付近には市庁舎やコミティウム（民会場）やバシリカがあり、東側には商店が軒を並べていた。フォルムの東・南・西には柱廊が巡り、柱廊前にはポンペイの高位官職者や公共事業の費用負担者を顕彰する騎馬像が立ち並んでいたと思われる。

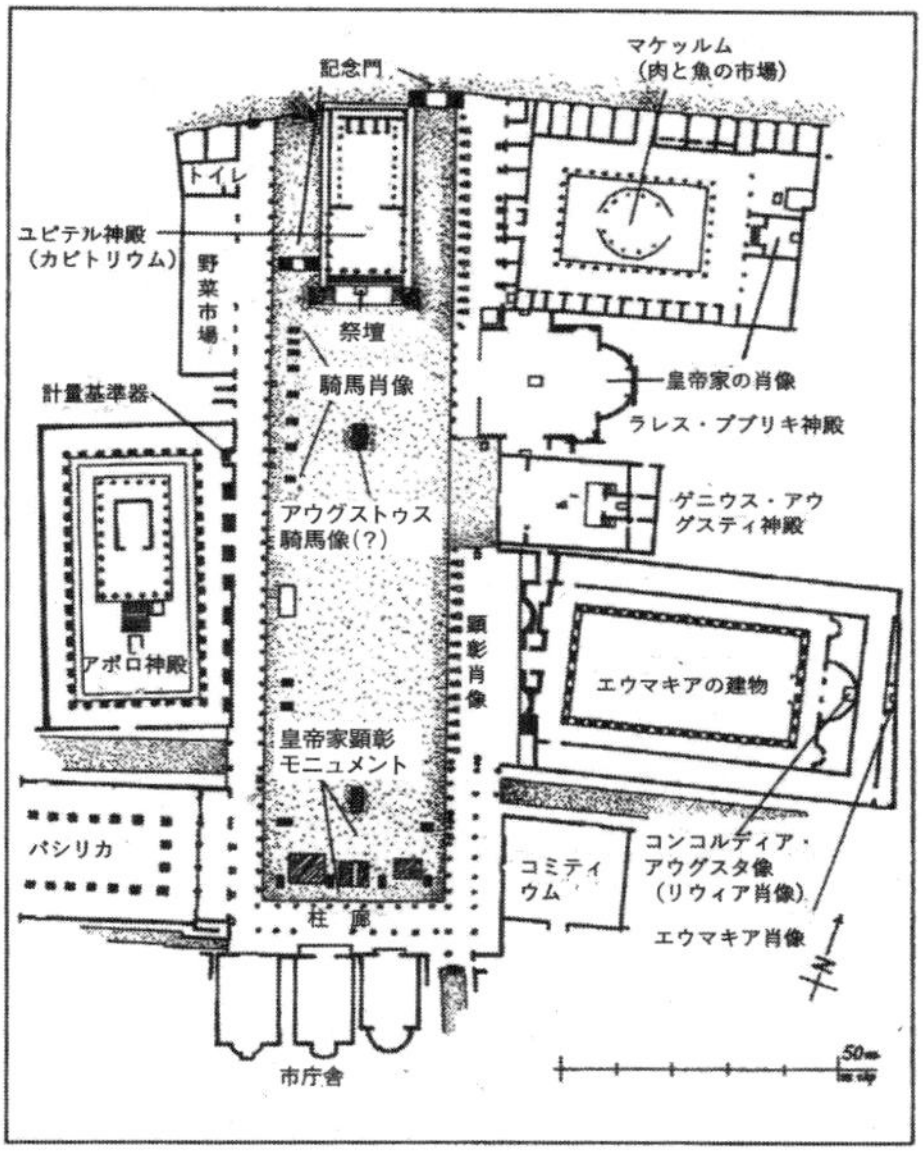

図3　ポンペイのフォルム、平面図（Dickmann, *Pompeji*, fig. 6 より作成）

帝政期に入ると、この光景は皇帝家のイメージによって上塗りされていく。[*7] 古い騎馬像は西の柱廊前に移設され、南側の中央にはおそらくアウグス

図4　ポンペイ、「エウマキアの建物」東側中央のアプシスと背後のクリュプトポリティクス（遺跡に置かれているエウマキア像はレプリカ）

トゥスの四頭立戦車像が載った大きな記念門が、その左右にも皇帝家を顕彰するモニュメントが建設された。フォルム中央の巨大騎馬像は、おそらくアウグストゥス肖像だったろうし、ユピテル神殿の階段脇にまるでディオスクロイのように立つ二体の騎馬像も、皇帝家の人物の肖像だったはずだ。ユピテル神殿の西脇にはティベリウス帝の息子のドルススの記念門が、東側の奥にももうひとつ別の（ゲルマニクスの？）記念門が立てられた（東脇にはカリグラ帝の記念門も立てられたが、これはカリグラの記憶抹消刑とともに取り壊された）。

フォルムの東側は、商店を取り壊して徐々に再整備が進められた。東側を北から南へ見ていくと、マケッルム（肉と魚の市場）の東奥の中央には皇帝祭祀の場が新たに設けられた。その隣のラレス・プブリキ神域は六二年の地震前後に新しく建てられたもので、中央アプシスにも左右のエクセドラにも八つのニッチにも、皇帝一族の肖像が立っていたようだ。さらに隣の建物は、「ウェスパシアヌス神殿」と通称されているが、実際には皇帝家の守護神を祀るゲニウス・アウグスティ神殿だったと考えられている。その隣の「エウマキアの建物」は、柱廊とクリュプトポルティクスを備えた広い中庭で、女神官も務めた街の有力者のエウマキアが費用を負担して建造したものだ。だが最も目立つ東側の柱廊中央のアプシスに安置されていたのは、コンコルディア・アウグスタに擬された皇妃リウィアの像であり、その両脇のニッチには、おそらくティベリウス帝とドルススの像が置かれていた。エウマキアの肖像が立っていたのは、アプシス背後のクリュプトポルティクスの奥という、中庭からはほとんど見えない場所だ（図3、図4）。

こうしてフォルムの東側は皇帝崇拝一色に塗り上げられ、北側にも南側にも皇帝家の姿が聳え立った。その輝きの前で、西側に並ぶ古くからのポンペイの実力者や功労者の肖像群の威光は、すっかり色あせて見えたに違いない。

ギリシア人にとっての「美にして善《カロス・カイ・アガトス》」

古代ギリシア人は卓越した人間を評するにあたり、「美にして善 καλὸς καὶ ἀγαθός」という言葉を好んで用いた。「善」は「美」と分かち難く結びついていた。だから最善の存在であるべき神々と卓越した人間の造形は、必然的に同じ美を志向した。前六世紀のクーロスにしても、頭も身体もまっすぐ前に向け、両手を体側につけ、体重を両足に均等にかけて左足を前に踏み出すという同じポーズが、神にも人間にも用いられている。われわれは神域の発掘で出土したものは神々への奉納像で、神あるいは奉納者の像、古代の墓地の発掘で見つかったものは人間を表した墓標というように、出土状況から主題や用途を推測しているにすぎない。

墓標としてのクーロスのなかでもとりわけ美しいのが、アテネ近郊のアナヴィソスの古代墓地で出土した通称《アナヴィソスのクーロス》（図2）だ。正面から見ると逞しい肩と腕、引き締まった腰、割れた腹筋（ただし腹筋全体の輪郭はまだ楕円形をしている）がバランスよく形作られている。側面から見ると、力強い臀部と上腿がひときわ目を惹く。表現方法にこそ格段の差があるとはいえ、ここに表されている人体が目指している「美」は、幾何学様式の陶器画と同じものだ。

注目すべきは、このクーロスの髪が（大部分のクーロスと同じく）肩よりも長く垂れている点だ。当時のアテネ人男性は短髪だったから、これはむしろ『イリアス』などの叙事詩に詠われている英雄の姿を彷彿とさせる。墓の上に立つこの像を見た古代人は、それが故人の姿を忠実に写したものではないことを承知した上で、あたかも英雄であるかのようなその美しさに、彼の「善」を感じ取ったのだろう。クーロスは、像主が「美」と「善」を兼ね備えた卓越した存在であることを、象徴的に表現するためのものだった。だからこそ神像にも英雄像にも、卓越した人間の像にもなりえたのだ。

ギリシア美術では、運動する若者の裸体も主要テーマのひとつだった。ギリシアの市民階級の少年たちはギュムナシオンと呼ばれる学校に通ったが、この建物はたいてい運動場を兼ねた広い中庭を有していた。心身ともにバランスよく成長するよう、そして将来国防を担う頑健で勇敢な市民になるよう、彼らの教育では体育が大きな比重を占めていた。陶器画にも、運動に勤しむ若者たちの姿が生き生き生きと描かれている。ただし、その美に対する感情が性的なものから無縁であったわけでもないらしい。ギリシア人は裸体で運動競技を行う習慣だったから、競技中の美しい若者の裸体に年長者たちの熱い眼差しが注がれることもあったようだ。美しい若者は公然と称えられたが、それはまた神々も嘉するものと考えられていた。そのためオリュンピア競技祭などの優勝者の姿は「永遠化に値する」とみなされ、神域に奉納された。[*8]

前四世紀からヘレニズム時代になると、ギリシア周辺の王国の君主のなかには、肖像に無個性な卓越性よりも強烈なカリスマ性を求める者が現れた。ただ美しいだけではなく、独特な美を追求する美術も生まれてきた。しかしそうした時代になっても、一般的なギリシア市民の肖像には個性的表現はみられない。ポリスの市民は、伝統的な「美にして善」を志向し続けたのである。

ローマ人の「教養主義」——ギリシア美術の受容

前二世紀から前一世紀、ローマはギリシアとヘレニズムの諸王国を征服した。そして詩人ホラティウスの言を借りるならば「征服されたギリシアが未開の勝利者を征服し、粗野なラティウムに芸術をもたらした」[*9]。以来、ギリシア文化はローマ人にとっての必須の教養となった。彼らの「美」のよりどころは、生身の人間ではなくギリシア美術だった。ギリシア人芸術家を招聘したり、あるいはギリシアの彫刻工房から買い付けたりして手に入れた「ギリシアの」作品を自邸に飾ることは、富裕なローマ人にとっては教養の証しであり、ステータスであった。

クラシック時代までのギリシア人が彫像をひとつひとつ、広場や神域に建立したのに対し、帝政期のローマ人は大量の彫像をまるで調度品のように使用して、空間全体を装飾した。それを可能にしたのは、前一〇〇年頃から徐々に普及した、大理石に彫像をコピーする技法だった。[*10] 過去のギリシアの名作から石膏像をつくり、その表面からコンパスなどを使って三角測量の要領でこまかく点を取り、その点を大理石のブロックに落とすことで、彫刻家の創意工夫によることなく、機械的に大量の彫像を生み出せるようになったのである。

私的空間だけでなく公的な空間も、ギリシア作品のコピーで飾られた。初代皇帝アウグストゥスがローマの中央に新たに建設したアウグストゥス広場を囲む柱廊の上階には、カリアティド（女人柱）のコピーが何十体も並んでいたが、これは前五世紀末にアテネのアクロポリスに建設されたエレクテイオンのカリアティドのうちの一体を大量にコピーしたものだ。

公共建築は、時に名作美術館の様相を呈した。ローマのカラカラ浴場では、[*11] 前五世紀のギリシアを代表するミュロンの《円盤投げ》、ポリュクレイトスの《槍を持つ人》、前四世紀のリュシッポスの《休息するヘラクレス》（図5）のコピーがおそらく二体ずつ見つかっており、それぞれ対作品として巨大な空間を飾っていたと推測される。その他にも、前四世紀のプラクシテレスの《クニドスのアフロディテ》、さらにヘレニズム美術では《水から上がるアフロディテ》や《ディルケの処罰》といった、プリニウスの『博物誌』にも記されているような有名作品のコピーが見つかっている。

ただしこれらの彫像は、ただ有名なギリシア彫刻のコピーという理由だけでかき集められたわけではない。カラカラ浴場に限らず、ローマ時代の公共浴場を装飾していた彫刻作品には、一定の傾向が見て取れる。[*12] ひとつは、アスクレピオスやヒュギエイアなどの癒やしに関わる神々や、全裸の運動選手の像が多いこと。これはローマの大規模公共浴場の起源が、ギリシアのアスクレピオス神域に見られる小規模な風呂や、格闘技練習場であるパライストラの水浴施設にあることを考えれば、極めて妥当な選択だ。河神やニンフなどの水に関わる神々の像も多いが、これもまた、浴場が大量の水を消費する場であってみれば当然だ。また全裸のアフロディテは、この美神の儀礼のなかで沐浴がひじょう

図5　グリュコン作、通称《ファルネーゼのヘラクレス》、3世紀初頭（オリジナルはリュシッポス作、《休息するヘラクレス》、前320年頃）　ローマ、カラカラ浴場出土　ナポリ国立考古学博物館

に重要な役割を果たしていたこととも結びつく。公共浴場に置かれた彫刻群は、浴場という空間の機能と歴史上・宗教上の意味を考慮した上で選び取られたものなのだ。民衆を満足させるために、皇帝たちは「パンとサーカス」だけでなく、健康と癒やしの空間も提供した。そしてその巨大空間を適切なギリシア美術で飾ることで、ギリシア文化に触れる楽しみまでも加えることに成功したのだった。

ローマ美術におけるギリシア文化の受容は、美術作品のコピーにとどまらない。ギリシア人芸術家に注文して、ギリシア神話に基づいた、新しい作品を作らせもした。たとえ作者がギリシア人でも、これはもはやローマ美術と呼ぶべきものだ。ローマ人建築家のウィトルウィウスによれば、ローマ人の私邸を飾る大画面の壁画の主題としては、神話やトロイア戦争やオデュッセウスの冒険譚が好まれたという。[*13] それはひとつには、ギリシア神話や『イリアス』『オデュッセイア』といった叙事詩が、ローマ人にとって基礎的教養の一部だったからだろう。それに加えて、小アジアからイタリア半島まで冒険するギリシア人の英雄オデュッセウスに、ローマ人は地中海を股に掛ける自分たちの姿を重ね合わせてもいたのかもしれない。ローマのエスクィリヌス丘で出土した《オデュッセイア風景画》と呼ばれる前一世紀半ばのフレスコ壁画には、巨大な岩や広がる海を背景にして、『オデュッセイア』に出てくる人喰いのライストリュゴン族の島、魔女キルケの島、冥府下りの場面が表されており、見る者を世界の果てにまで誘っていく。[*14]

オデュッセウスに関する主題は、絵画だけでなく、大群像彫刻としても表現された。ティレニア海に面するスペルロンガの海浜別荘遺跡には、隣接する自然の洞窟に海水を引き入れて、人工池と夏用の宴会の場がつくられている。円形の人工池の左右には、アキレウスの遺体を抱えるオデュッセウスと、トロイアの守護神像パラディオンを奪うオデュッセウスとディオメデス。池の中央では、下半身が犬と魚の怪物スキュラが水面から姿を見せ、オデュッセウスの船を襲っている。さらに池の奥に広がる洞窟の暗がりにはひとつ目の巨人ポリュフェモスが寝そべり、オデュッセウスと仲間たちがその目に大きな杭を突き刺そうとしている。スキュラとポリュフェモスの大群像は、人間のサイズがほぼ等身大というだけでなく、前者は海上、後者は洞窟内という場面設定もそのまま現実世界に再現している。ローマ人たちはまるで本物のようなオデュッセウスたちの冒険を眺めやりながら、宴会に興じたのである。

オデュッセウスの冒険譚以上に、ローマ人に縁のあるギリシア神話が、「トロイア陥落」だ。ウェルギリウスが『アエネイス』に詠ったように、ローマ人（さらには皇帝ユリウス家）の先祖は、トロイアから落ち延びたアエネアスということになっているからである。そのトロイアが陥落する引き金となる事件を表したのが、有名な《ラオコーン群像》だ。

鉄壁の防御を誇るトロイアを、ギリシア人は一向に攻め落とすことができずにいた。そこでオデュッセウスは一計を案じ、巨大な木馬をつくってそのなかに屈強の戦士たちを潜ませた上で、ギリシア軍が撤退したと見せかけた。トロイア人がそれを信じ、木馬（これが有名な「トロイアの木馬」だ）を戦利品としてトロイアの市内に引き入れようとすると、神官ラオコーンはそれをギリシア人の奸計だと見破り、槍を木馬に突き立てた。ギリシア方に味方していたアテナはこれに腹を立て、二匹の大蛇を放ち、ラオコーンを殺す。結局、トロイア人たちは木馬を街に入れてしまい、夜半に木馬の中から出てきたギリシア兵により、街は陥落する。つまりラオコーンの悲劇は、ギリシア人にとってはそれほど重要ではないが、トロイアの末裔を名乗るローマ人にとっては国家滅亡の悲劇であり、同時にローマ建国の前史でもあった。

前述したスペルロンガの《スキュラ群像》に彫られていた作者の署名と、プリニウス『博物誌』の《ラオコーン群像》に関する記述は、[*15] 両者が実はまったく同じ三人のギリシア人彫刻家、アタナドロス、ハゲサンドロス、ポリュドロスによって、前一世紀末に彫られたことを示している。[*16]《ラオコーン群像》はローマ（おそらくかつてマエケナスの庭園があったあたり）で出土しており、ティトゥス時代（在位七九―八一年）には皇帝の邸宅に置かれていた。おそらく当初は、皇帝家に近くウェルギリウスと同じ知的サークルに属していた富裕なローマ人（マエケナス？）が、自分の邸宅を飾るために、ローマと皇帝家の出自にかかわるギリシア神話の彫像の制作をギリシア人彫刻家に注文したのだろう。

ローマ人はギリシア文化を教養として熱心に学びとったが、その文化にただ「征服された」だけではなかった。ギリシア美術のコピーをつくらせてそれを意識的にまったく異なるコンテクストにはめ込んだり、ギリシア神話をローマ人の視点から解釈しなおした新しい作品をつくらせたりしながら、ギリシア文化の素養がある者だけに読み取れるような、豪華に飾られた空間を創出したのである。

ギリシア人と「競争意識《アゴーン》」

ギリシア各地のさまざまな競技祭が象徴的に示しているように、ギリシア人は個人間でも都市国家間でも、互いに競い合うことを好んだ。それは運動競技に止まらない。芸術家たちも同じだった。詩も演劇も音楽も、そして美術も、ギリシア人という対等な者同士が同じルールの下で競争することで、急速に発達した。[*17] 前六世紀の彫刻家たちが同じポーズのクーロスに取り組んだのも、競技祭優勝者のブロンズ像がいくつも奉納されたのも、すべての根底には競争心があったといってよい。

そうした競争心を、作品上に文字で残した芸術家もいる。前五〇〇年頃、陶画家のエウテュミデスは、アンフォラと呼ばれる双把手の葡萄酒壺に裸で踊る宴会後の男たちの姿を描き、そこに「エウテュミデスが描いた」「エウフロニオスにはこのようには決して（描けなかった）」と記している。[*18] エウフロニオスは当時のアッティカ陶器を代表する陶画家で、エウテュミデスよりも年長であるというだけでなく、はるかに大きな成功を収めていた。そのような「目上」の同業者に対して、彼はライバル心を隠すことができなかったようだ。

彫刻家間の競争に関しては、一世紀のローマ人プリニウスが『博物誌』のなかで伝えている《傷ついたアマゾン》の競作のエピソードが有名だ。[*19] 前五世紀後半のこと、高名な彫刻家たちが「傷ついたアマゾン」という同じテーマで作品を競作し、エフェソスのアルテミス神域に奉納した。自分以外の作品でどれが一番かを互選したところ、一位はポリュクレイトス、二位はフェイディアス、三位はクレシラス、四位はキュドン出身のフラドモンという結果になった。一位から三位の彫刻家は、いずれも歴史に名を留める大彫刻家だ。

このエピソードが果たしてどの程度、事実に即しているかはわからない。しかし少なくとも、これらの彫刻家たちがそれぞれ《傷ついたアマゾン》をつくり、奉納したのは確かなようだ。それというのも、ローマ時代に彫られたアマゾン像の大理石製コピーが三つのタイプに分けられることから、前

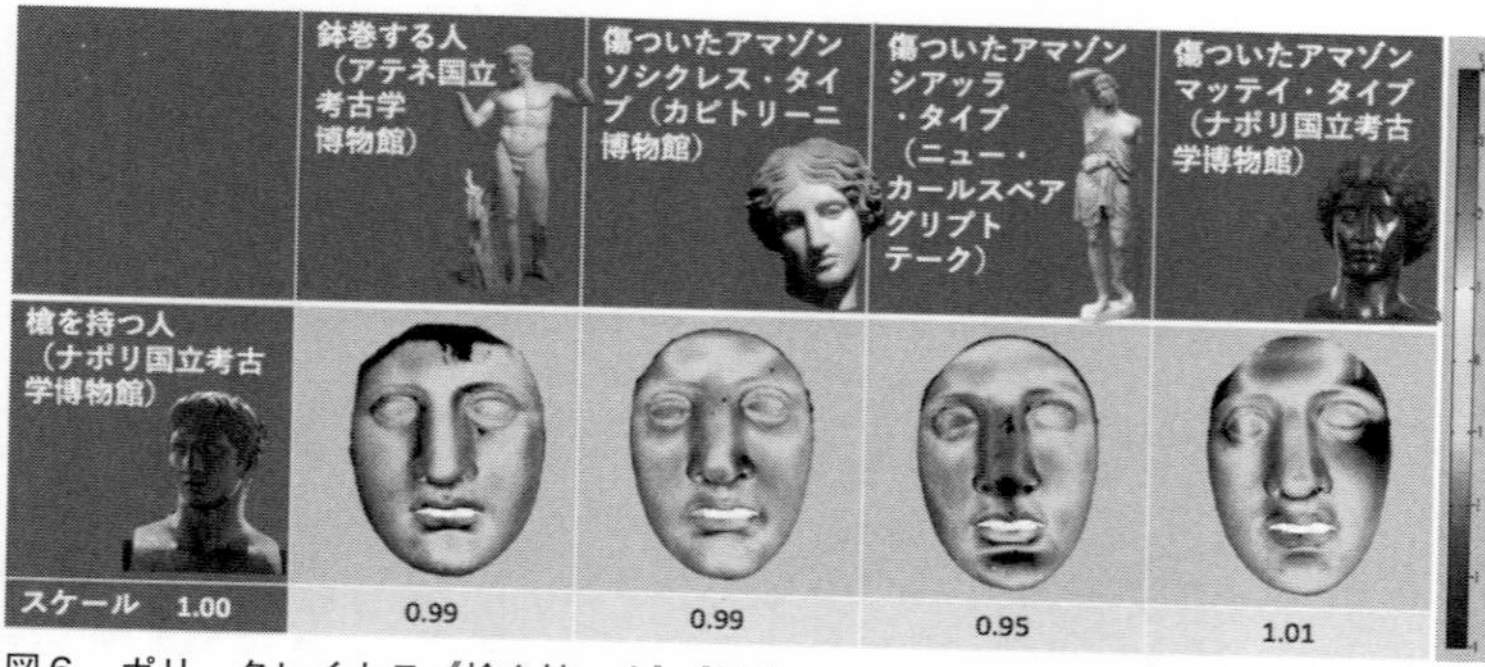

図6　ポリュクレイトス《槍を持つ人》《鉢巻する人》と３タイプの《傷ついたアマゾン》の頭部比較（閾値 4mm）

五世紀後半に制作されたオリジナルの《傷ついたアマゾン》が少なくとも三体あったと考えられるからだ（オリジナルはブロンズ像だったはずだが、現存しない。ブロンズ像は鋳潰して再利用することが可能なため、ほとんど後世に残らないのである）。

ちなみに、どの彫像タイプがどの彫刻家の作かという問題に関しては、十九世紀末に三タイプの《傷ついたアマゾン》が知られるようになって以来、研究者たちは熱い議論を戦わせてきた。「マッテイ・タイプ」と呼ばれるものがフェイディアス作だという点については、おおむね意見の一致をみたのだが、ポリュクレイトスとクレシラスのアマゾン像に関しては、百年を経ても決定的な答えは導き出せなかった。彫刻家の様式に基づく議論だけでは、どうにも結論にたどりつけなかったのである。そこで筆者は、確実にポリュクレイトスに帰される《槍を持つ人》《鉢巻する人》と、三つのアマゾン像のサンプル（どれもローマ時代のコピー）を3Dスキャナで計測し、コンピュータ上で3Dモデルを重ね合わせて比較することを試みた。[*20] すると見事に、ポリュクレイトスの《槍を持つ人》や《鉢巻きする人》の顔と、「ソシクレス・タイプ」と呼ばれるアマゾン像の顔の形状が、三次元的に一致した（図6）。これは、ポリュクレイトスが顔部分の原型を繰り返し使用していくつもの像を（それも男女の区別なく）鋳造していたことを示すとともに、三体のアマゾン像の作者名に関する議論に終止符を打った。

話をもとに戻すと、ギリシア人の競争は、個人間にとどまらない。都市国家もまた、神々への奉納品や建造物の建立を巡って、互いに競い合っていた。大規模なところでは、アテネと、オリュンピア神域が属するエリスは、神殿や神像の建設で相手を超えようと鍔ぜりあいを繰り広げた。前五世紀前半に、エリス人がオリュンピアにギリシア本土最大のゼウス神殿を完成させると、アテネ人はその一〇年ほどあとに、幅にして三メートル、奥行きは五メートルほどそれを上回るパルテノンの建設を開始した。中に安置されたのは、巨匠フェイディアスの手になる《アテナ・パルテノス》の黄金象牙像だった。その直後、フェイディアスは今度はオリュンピアに招聘される。ゼウス神殿の中に祀る黄金象牙の《ゼウス・オリュンピオス》の制作を請け負ったのである。これはアテネのアテナ像より、六〇センチメートルほど高かったようだ。たかが六〇センチ、されど六〇センチ。ライバルを凌ぐことは、ギリシア人にとってこの上ない喜びだったのだ。[*21]

ローマ美術の「伝達力」——中央から周縁へ

帝政期のローマでは、ピラミッド形の社会構造の頂点に皇帝が位置していた。だからその下に位置する者たちは、ローマの元老院階級であれ、属州都市の実力者であれ、互いに競い合うというよりも、いかに皇帝との関係を緊密にするかに心を砕いた。そしてだからこそ人々は、公的な場所にも私的空間にも、こぞって皇帝の肖像を設置したのだ。公の場の肖像はローマで作り出された公的肖像タイプに則っていることが多いが、時に、特にローマから遠く離れた属州都市では、似ても似つかない皇帝肖像が建立されることもあったようだ。黒海沿岸のトラペゾスの街の丘に立つハドリアヌスの肖像について、アッリアノスは像主である皇帝その人にこう書き送っている。

「そこに立てられました陛下の肖像は、非常にふさわしいポーズを取っておりいます。海を指しているのでございます。しかし作品は、陛下に似てもいなければ、美しいものでもございません。ですから同じポーズをした、陛下のものと呼ぶにふさわしい肖像をお送りください。それと申しますのも、ここは永遠に記念するにふさわしいところですので[*22]」。

この手紙は、二つのことを暗示している。ひとつは、皇帝（とその周辺）には、たとえローマから遥か遠くの属州都市に立つものであっても、自分の肖像はローマでつくられた公式タイプに近いものであって欲しいという願望があったこと。もうひとつは、そのためにならローマから遠い都市へ、肖像を送るのも当然だと考えていたことである。

実際、皇帝の肖像は帝国全土で出土している。なかには遠く離れたところで見つかったにもかかわらず、ローマのものに極めて近い作例もある。特に「プリマ・ポルタ」タイプと呼ばれるアウグストゥスの肖像は、地中海周辺からあわせて一〇〇例以上が見つかっており、数の多さと均質性は群を抜く。このような皇帝イメージの伝達は、確証はないものの、同一の「原型」の石膏像を属州各地に送ることで達成されたのではないかと推測されている。

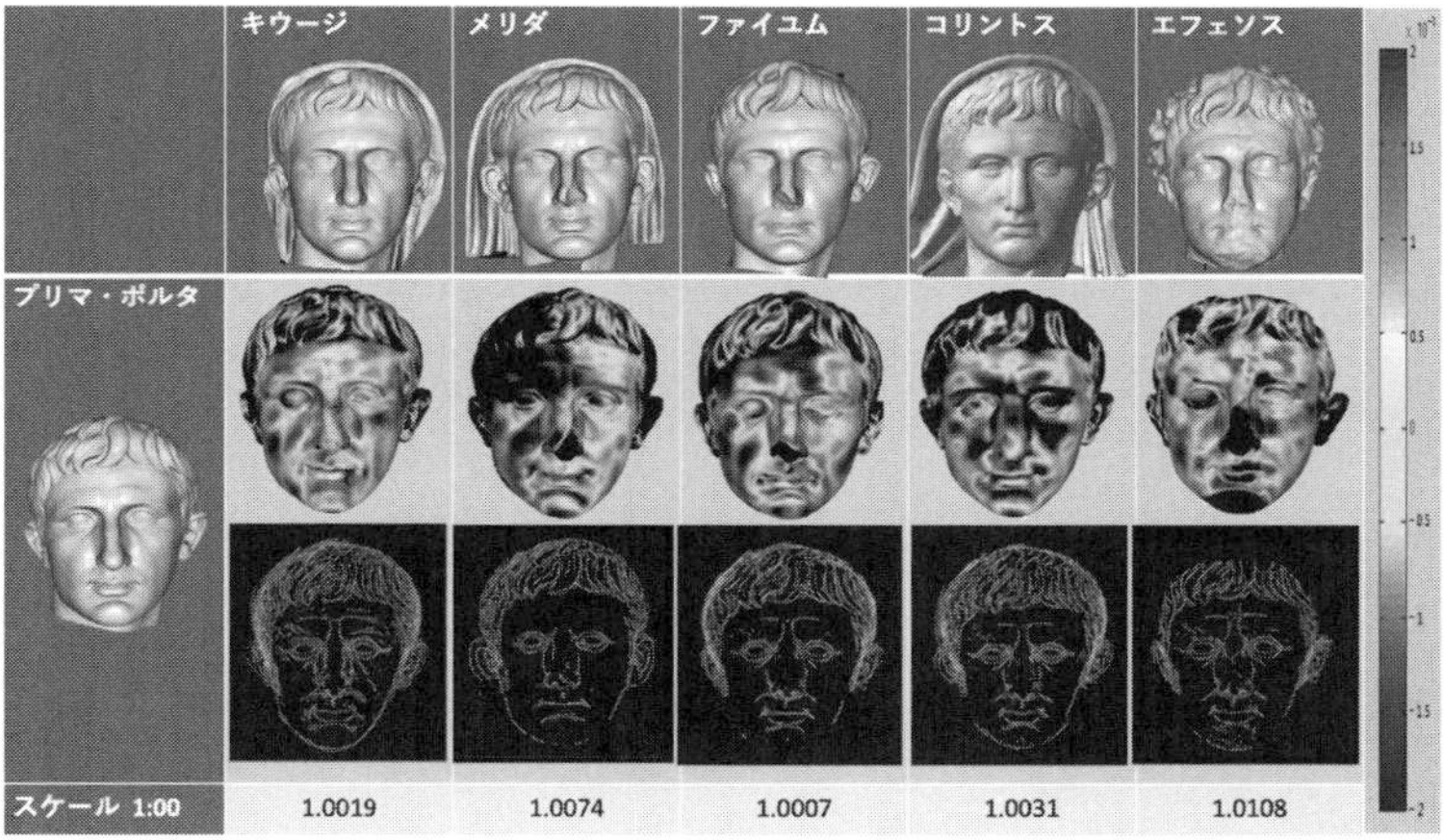

図7　「プリマ・ポルタ」タイプのアウグストゥス肖像頭部の比較（閾値 2mm）

そこで、帝国各地の極めて良く似た皇帝肖像が実際どれほどの類似を示すのか、ローマ（プリマ・ポルタ）、イタリア半島（キウージ）、ギリシア（コリントス）、小アジア（エフェソス）、エジプト（ファイユム）、イベリア半島（メリダ）の出土作品をそれぞれひとつずつ取り上げ、頭部の3Dモデルを用いて精密に比較して検討してみた（**図7**）[*23]。比較のための基準作には、タイプ名の由来となっている通称《プリマ・ポルタのアウグストゥス像》を用いた。この大理石像は、ローマ郊外プリマ・ポルタの皇妃リウィアの別荘で出土しており、皇帝周辺でつくられた「原型」に最も近い作例とみなせるからである。残りの頭部は、古代におけるコンテクストが不明のキウージの頭部を除けば、メリダとファイユムのものは劇場、コリントスのものはアゴラに立つ通称「バシリカ」、エフェソスは「市の広場」の柱廊と、いずれも公的空間に置かれていた、質の高い作品である。

すると、最も《プリマ・ポルタのアウグストゥス像》の頭部に近いのはイタリア半島キウージ出土の頭部という、納得のいく結果がでた。前髪のきわの彫りの深さだけは二ミリメートルを超える差異を示したものの、その他は顔も髪の房も、形状はほぼ一致している。キウージの頭部はローマの工房で彫られたと見てよいだろう。続いて、イベリア半島のメリダ出土の頭部も、額と前髪の右側部分を除けば、基準となる《プリマ・ポルタのアウグストゥス像》の頭部にほぼ一致している。右眉と右前髪にはわずかながら破損の痕跡が見られるため、この不一致部分を古代における破損後の彫り直しと考えれば、こメリダの頭部も、キウージの頭部同様、もとは「原型」に極めて近かったと考えられる。こののメリダの頭部がイタリアのカッラーラ大理石に彫られていることと、出土したメリダの劇場がアウグストゥスの右腕のアグリッパ奉献であることを考えれば、これもまたローマで制作されたものがイベリア半島まで運ばれたと考えてよいだろう。

それに対して、ファイユム、コリントス、エフェソス出土の頭部は、一ミリメートル以上の差異のある部分が全体的に広がり、一部には二ミリメートル近い差も認められる。それにもかかわらず、目・鼻・口の位置や、前髪の房の輪郭は、どれもほぼ一致している。ギリシア、エジプト、小アジアでヘレニズム時代（あるいはそれ以前）から彫刻活動が盛んだったことを考えれば、これら三つの頭部は、ローマから皇帝頭部の「原型」が何らかの形——おそらく石膏コピー——として属州へ運ばれ、現地の工房で大理石に彫られたと考えるのが妥当だろう。

帝国の中心から周縁部へと伝達されたのは、もちろん皇帝の肖像に限らない。ギリシア・ローマの神々のイメージは時間と空間を超え、帝国の外にまで伝わった。例えばイランのターク・イ・ブスターン大洞のアーチ形入り口の三角小間に表された有翼女性の浮彫は、明らかにローマの凱旋門の三

悪徳の栄え 正
マルキ・ド・サド／澁澤龍彦訳 00006-4 2800円
権力・神・道徳を根底的に嘲笑し、戦慄渦巻く悪徳と淫蕩を描いた大暗黒小説。（59・6）

悪徳の栄え 続
00007-1 2800円
復活するサド、無削除版。「猥褻文書」として国家権力によって発禁された初版。いま甦る。（59・12）

悲惨物語
マルキ・ド・サド／澁澤龍彦訳 00094-1 2000円
戦慄すべき近親相姦の家庭悲劇！ 反家庭の思想が高度に結晶した代表的中篇小説。（58・10）

サド裁判 上・下
現代思潮社編集部 各3800円
上02056-7〔10・4〕 下02061-1〔10・05〕
『悪徳の栄え』発禁をめぐるサド裁判の記録は繰り返す猥褻、芸術論争の指標。

神経の秤・冥府の臍
アントナン・アルトー／粟津則雄、清水徹訳 02012-3 3500円
己れの思考と肉体を回収不能な代償として表現の極限へ疾走するアルトーの著作。〔07・7〕

アントナン・アルトーの帰還
鈴木創士 00452-9 2000円
伝説のシュルレアリスム革命の詩人＝役者の壮絶な後半生を小説によって描く。（07・7）

シュールレアリスム宣言集
アンドレ・ブルトン／森本和夫訳

闘牛鑑
ミシェル・レリス／須藤哲生訳 02016-1 2000円
〔画・マッソン〕聖性探求者が凶暴な力と死満つ闘牛場の典礼美と供犠に投身。（07・8）

夜なき夜、昼なき昼
ミシェル・レリス／細田直孝訳 02076-5 3200円
レリスの夢日記（13・9）

蠟燭の焔
バシュラール／澁澤孝輔訳 02013-0 2500円
身近に点る火をめぐる夢想は知識を厳しく斥け宇宙の本源へ向う極限の想像力論。（07・8）

零度の文学
ロラン・バルト／森本和夫訳 00118-4 2000円（65・12）

ニジンスキーの手記
V・ニジンスキー／市川雅訳 00084-2 2400円
〔肉体と神〕過渡の素朴さに溢れ燃えたって書遺した肉体と生と死と感情の聖典。（71・11）

ニジンスキーの芸術
G・ウイットウォース／馬場二郎訳 00140-5 2500円（77・2）

サドは有罪か
シモーヌ・ド・ボーヴォワール／白井健三郎訳 02055-0 2600円
サドの宿命、逆説を歴史的に決定し、かつ人間実存の根元性において追究する。〔10・1〕

四運動の理論 上・下
シャルル・フーリエ／巖谷國士訳
上 品切れ 下00420-8 各2800円

エレジー、唄とソネット
ジョン・ダン／河村錠一郎訳 02014-7 2500円〔07・8〕

幻視者 上・下
ジェラール・ド・ネルヴァル／入沢康夫訳
上00318-8 2000円 下00319-5 2400円（68・1）（68・8）

敷居学
ヴィンフリート・メニングハウス／伊藤秀一訳 00414-7 2400円
パサージュ論や神話論にとり組んだメニングハウスのベンヤミン論。（00・10）

音楽的時間の変容
椎名亮輔 00440-6 2600円（05・2）

ローリング・ストーンズ

ある伝記
フランソワ・ボン／國分俊宏・中島万紀子訳 00442-0 8000円（06・1）

ミッキー・マウス
―ディズニーとドイツ
カルステン・ラクヴァ／柴田陽弘監訳・眞岩啓子訳 00425-3 2800円
ディズニー社の知られざる事実と歴史。ミッキーの稀少な写真60数枚収録。（02・12）

夜警
ボナヴェントゥーラ／平井正訳 00310-2 1600円（67）

太陽の都・詩篇
トンマーゾ・カンパネッラ／坂本鉄男訳 00315-7 1800円（67）

角小間に浮き彫りされた有翼の勝利の女神（ウィクトリア）を模倣したものだ。さらにもとをたどれば、ギリシア人が勝利（ニケ）という抽象概念を有翼の女性の姿で、擬人像として表したことにさかのぼる。

ギリシア人は神々を美しい人間として表現しただけでなく、自然の事物や抽象概念までも、人の形として造形化した。だがこうしたギリシア美術が近世以降の西洋美術や、イスラーム以前の東方美術にも受け継がれたのは、ギリシア美術がポリスの規範に囚われたままにとどまらず、ヘレニズム美術として多様性を獲得したからこそだった。それがさらにローマ美術のなかに受け継がれることで、「ギリシア・ローマ美術」は無類の伝播力を手に入れたのである。

（二〇一八年十月二十日）

注

1　エリカ・ジーモン、芳賀京子・藤田俊子訳『ギリシア陶器』、中央公論美術出版、二〇二一年、三八―四一頁、№四参照。

2　ひとつの原型からいくつものブロンズ像を鋳造できる「間接」失蠟鋳造法の場合は、原型はすべて粘土（あるいは石膏）でつくられるが、ギリシアでは初期にはまだ「直接」失蠟鋳造法が用いられていた。直接法の原型は表面が蠟であり、そこに細部を彫り込んでつくられる。その上に別の粘土をかぶせて鋳型をつくり、蠟を抜いてそこにブロンズを流し込むのだが、鋳造後は鋳型を割ってブロンズ像を取り出すことになる。そのため、蠟原型も鋳型もあとには残らず、ひとつの原型からひとつの作品しか鋳造できない。ひとつの原型からいくつものブロンズ像が鋳造可能な「間接法」が導入されはじめるのは、前五世紀後半以降のことだった。芳賀京

子・芳賀満、『西洋美術の歴史1　古代』、中央公論新社、二〇一七年、二一七―二三二頁参照。

3　セウェリアヌス『創世記について』五・五。

4　*Marcus Cornelius Fronto: Correspondence*, I, edited and translated by C. R. Haines (Loeb Classical Library), Cambridge (Mass.): Harvard University Press, 1919, p. 207.

5　J. Fejfer, *Roman Portraits in Context* (Image & Context), Berlin/New York: De Gruyter, 2008, p. 384.

6　J.-A. Dickmann, *Pompeji. Archäologie und Geschichte*, München: Beck, 2005, pp. 33-43.

7　G. Lahusen, *Römische Bildnisse. Auftraggeber - Funktionen - Standorte*, Mainz: Philipp von Zabern, 2010, pp. 150-153.

8　プリニウス『博物誌』三四・一六。

9　ホラティウス『書簡集』二・一・一五六―一五七。

10　M. Pfanner, Über das Herstellen von Porträts. Ein Beitrag zu Rationalisierungsmaßnahmen und Produktionsmechanismen von Massenware im späten Hellenismus und in der römischen Kaiserzeit, *Jahrbuch des deutschen archäologischen Instituts*, 104 (1989), pp. 157-258.

11　M. Marvin, Freestanding Sculptures from the Baths of Caracalla, *American Journal of Archaeology*, 87 (1983), pp. 347-384; M. B. Gensheimer, *Decoration and Display in Rome's Imperial Thermae. Messages of Power and their Popular Reception at the Baths of Caracalla*, Oxford: Oxford University Press, 2018.

12　H. Manderscheid, *Die Skulpturenausstattung der kaiserzeitlichen Thermenanlagen*, Berlin: Gebr. Mann Verlag, 1981.

13　ウィトルウィウス『建築十書』七・五・二。

14　ヴァティカン図書館およびローマ国立博物館：E. La Rocca, S. Ensoli, S. Tortorella, M. Papini (eds.), *Roma. La pittura di un impero* (exh. cat., Roma, 2009-2010), Roma 2009, pp. 268-269, I.6 (M. Papini).

15　プリニウス『博物誌』三六・三七。

16 サルヴァトーレ・セッティス、芳賀京子・日向太郎訳『ラオコーン——名声と様式』、三元社、二〇〇六年。芳賀京子『ロドス島の古代彫刻』、中央公論美術出版、二〇〇六年、二四三―二八〇頁。

17 N. Kaltsas (ed.), *Agon* (cat. exhib. Athens, National Archaeological Museum, 15 July - 31 October 2004), Athens: Kapon Editions, 2004, pp. 46-63, 254-319.

18 ジーモン（前掲書）、二八一―二八五頁、№一〇〇参照。

19 プリニウス『博物誌』三四・五三。

20 K. Sengoku-Haga et al., Polykleitos' Works "From One Model": New Evidence Obtained from 3D Digital Shape Comparisons, in: *New Approaches to the Temple of Zeus at Olympia*, edited by A. Patay-Horváth, Newcastle upon Tyne: Cambridge Scholars Publishing, 2015, pp. 201-222. 以下も参照：K. Sengoku-Haga et al., Polykleitos and His Followers at Work: How the Doryphoros Was Used, in: *Artistry in Bronze: The Greeks and Their Legacy*, edited by J. M. Daehner, K. Lapatin, and A. Spinelli. Los Angeles: J. Paul Getty Museum; Getty Conservation Institute, 2017. http://www.getty.edu/publications/artistryinbronze/the-artist/10-haga-et-al/.

21 R. Taraporewalla, Size Matters: The Statue of Zeus at Olympia and Competitive Emulation, in: *The Statue of Zeus at Olympia: New Approaches*, edited by J. Mc Williams, S. Puttock, T. Stevenson and R. Taraporewalla, Newcastle upon Tyne: Cambridge Scholars Publishing, 2011, pp. 35-50. 芳賀・芳賀（前掲書）、一四八―一五三頁参照。

22 アッリアノス『黒海周航記』三―四。

23 K. Sengoku-Haga, Diffusion of Roman Imperial Portraits, in: *Transmission and Organization of Knowledge in the Ancient Mediterranean World*, edited by Y. Suto, Wien: Phoibos Verlag, 2022, pp. 87-104.

第七章　宗教が生み出した美の世界　イスラーム美術

桝屋友子

一　イスラームという宗教と美術

イスラームとは、メッカ（現サウジアラビア）の商人ムハンマドが創唱した一神教である。預言者ムハンマドは、西暦五七〇年頃、メッカを支配していたクライシュ族の一員として生まれた。六一〇年、ムハンマド（四十歳頃）は神（アッラー）の啓示を受け、神の使徒としての自覚を抱いて、最後の審判の日に備えるよう人々に警告を発した。これがイスラームの始まりである。最初は妻ハディージャなど信じる者は少数であったが、やがて信者が増加していくと、多神教者の多いメッカでは迫害を受けるようになり、六二二年、メッカからメディナへ移住した。これをヒジュラ（聖遷）といい、太陰暦であるイスラーム暦（＝ヒジュラ暦）の元年とする。ムハンマドはメディナで着実に信者を増やしていき、六三〇年にはメッカを征服したが、六三二年に没した。

アラビア語の「イスラーム」は、「唯一の神アッラーに絶対的に服従すること」を意味する。信者を「ムスリム」といい、「絶対的に服従する者」の意である。ムハンマドの死後、神の啓示を一冊にまとめたものをコーラン（正しくはクルアーン、「読誦、読誦されるもの」の意）といい、イスラームの根本聖典とする。現在では全世界に十六億人のムスリムがいるとされ、世界の主要な宗教の一つとなっている。

七世紀以来ムスリムが作り上げた美術に対して、現在の美術史の学問分野では、「イスラーム美術」という名称を使っている。イスラーム美術史の研究の対象は、宗教美術も世俗美術も含め、イスラームが始まった七世紀から現代まで、地理的範囲はイスラームが主要な宗教である（であった）地域を中心に、西はイベリア半島、北アフリカからアナトリア、西アジア、南アジア、中央アジア、東は中国、東南アジアと広がり、分野は建築、写本芸術、工芸品、現代美術と多様である。特に工芸品では、陶器、金属器、ガラス器、絨毯を含むテキスタイル、象牙器、石彫品、木彫品、皮革品、紙器と幅広い素材のものが発展し、さまざまな制作技法・装飾技法が編み出された。さらに、ムスリムが他の宗教の人々のために作ったもの、ムスリムのために他の宗教の人々が作ったものも考察の対象とし、ムスリムに関連する全ての美術を扱うことによって、ムスリムが享受してきた美術作品に多角的に切り込み、彼らが作り上げてきた物質文化がどのようなものであったかを追究する。

「イスラーム美術」全般について述べるならば、避けて通ることはできない、イスラーム特有の、美術に対する二つの大きな宗教的制約がある。すなわち、偶像崇拝の禁止と宗教的な場における動物・人物表現の忌避である。[*1] これらは二つ合わせて、「偶像崇拝禁止であるためイスラーム美術には絵画や彫刻はない」、あるいは、「人物や動物が一切描かれることはない」などと、誤解されることも多い。以下に見ていくように、これら二つの制約がその後のイスラーム美術の発展に大きな影響を与えたことは言うまでもないため、明確な理解が必要である。

偶像崇拝禁止はコーランに記されている（五：九二、二一：五二―五三など）。コーランで言及されている偶像とは、アラビア語で言うaṣnām、anṣāb、tamāthīl、awthān（彫像・鋳像を意味する言葉の複数形）である。すなわち、神の似姿を彫刻や鋳造や塑造によって立体像として作り出し、それを神とみなして崇拝することを禁止しているのである。偶像崇拝禁止の重要な意図は、それまでアラビア半島で信仰されていた多神教とそこで行われていた三次元神像を拝むことの否定である。像は単に人間が作り出した像であって神ではない。「偶像崇拝禁止」は、そのようなものを拝むことの無意味さを指摘している。そのために、イスラームでは神を像や図で描くことはない。神の造形表現は作らないが、絵画や彫刻を禁止しているという意味ではない。

他方、ムハンマドの言行録であるハディースでは、像（図）、とりわけ人物や動物の像を非難している。なぜなら、イエスが神の許しを得て泥の鳥を造ったが、神が息を吹き込んで生きた鳥になったという逸話がコーランにある（五：一一〇）ように、像を創造して（描いて）それに生命を吹き込むことができるのは神だけであるからである。しかして、画家が描くのは生命を吹き込むことのできない（動かない）創造物である。そもそも画家と創造主を表すアラビア語が、像を描く人、クリエイターという意味で同じ言葉（muṣawwir）であることも、非難される原因の一つであろう。すなわち、造形表現（創造）を行うことで神の行為を模倣することになるのであり、神への挑戦的行為を行なっているとみなされる。そのため、神に祈る場面に神による創造物ではない創造物を置くことを避ける、具体的には、宗教上使用する建物・調度品・写本において、動物・人物像を忌避するようにしたのである。このように、忌避されるのは宗教的な状況に限られるが、世俗の美術では動物・人物像は制限されていなかった。

ただし、神の姿を描かないことはいかなる時代でも厳守されてきたが、動物・人物像に対する規定や指示はコーランにもハディースにもはっきりとは書かれておらず、解釈には時代や地域により多少のばらつきがある。いずれにせよ、宗教に由来するこれら二つの禁忌を守りながらイスラーム美術は作られ、発展してきたのである。

二　イスラームのための美術の始まり

では、七世紀に始まったイスラームという新しい宗教を飾る美術はどのようなものであるべきだとムスリムは考えたのだろうか？　とはいえ、新しい宗教ができたからといってすぐに新しい美術が出現するわけではない。美術を担うのはその地域土着の人々で、それまでに形成されてきた伝統的な美術の技法や様式に基づいて美術を制作する。ユダヤ教徒、キリスト教徒はイスラームと同じ一神教信者であり、税を納めれば啓典の民として信仰の自由が認められていたので、イスラームが征服した地域にあっても改宗していない美術制作者もいただろう。それに対して、支配者としてその地にやってきた人々はムスリムのアラブ人で、イスラームの教えに即していると自分たちが考える美術を作り上げるために、制作者に何らかの指示を出したはずである。初期のイスラーム美術を見ると、明らかに

図1　エルサレム、岩のドーム（7世紀）。著者撮影

前時代の美術を継承しながらも新しい要素が持ち込まれている。その新しい要素こそ、ムスリム支配者の指示に他ならないのである。

預言者ムハンマド、その後継者である正統カリフの時代（六三二—六六一年）の美術品はほぼ残っていないが、それに続く、イスラーム最初の世襲王朝ウマイヤ朝時代（六六一—七五〇年）からは、建築物を始め、美術品が現代に伝わる。ウマイヤ朝は、クライシュ族出身でムハンマドの遠縁に当たり、正統カリフ時代にシリア総督に任じられていたムアーウィヤ（在位六六一—六八〇年）が設立した王朝で、シリアのダマスクスを首都とした。したがって、キリスト教国であったビザンツ帝国（東ローマ帝国、三三〇？—一四五三年）の旧領域がウマイヤ朝の首都圏であり、ウマイヤ朝美術は古典古代からつながるビザンツ美術に立脚していたのである。

現存するイスラーム建築で最古のものは、エルサレムの「岩のドーム」である（**図1**）[*2]。現在、パレスティナ、イスラエル間で帰属問題が存在しているエルサレムは、六三八年にムスリムによって征服された。三つの宗教（ユダヤ教、キリスト教、イスラーム）の聖地であり、イスラームではメッカ、メディナに次ぐ第三の聖地である。エルサレムがムスリムにとって重要な都市であったのは、ムハンマドがキブラ（礼拝の方向）をメッカに定める前にはエルサレムに向かって礼拝しており、また、コーラン第一七章に言及されている「夜の旅」でムハンマドが神の奇跡によりメッカからエルサレムに一夜で旅を行い、さらにハディースによれば、ムハンマドは続けてエルサレムから昇天し、天界を巡って神にまみえたからである。岩のドームが覆う巨大な岩はムハンマドが昇天を行なった場所であり、なおかつ、ここでアダムが塵から創られ、アブラハムの供犠が行われようとした場所でもあったとされる。

岩のドームは、六九一年までにウマイヤ朝第五代カリフ、アブドゥルマリク（在位六八五―七〇五年）がユダヤ教神殿の跡地「神殿の丘」の上に建立した。岩のドームの建設年は、内乱のために王朝がメッカ、メディナを失っていた時期（六八三―六九二年）に当たるため、アブドゥルマリクは、二都市に代わる聖地を、先行する一神教の聖地でもあるエルサレムに建設して巡礼地としたいという意図から、エルサレム市内でも特に目立つ場所に建設したのだと考えられる。円柱と角柱から成るアーケードが岩を丸く取り囲み、アーケードの上には円筒形のドラムが載り、さらにその上に木製ドームが架かった（直径二〇メートル強）。中央アーケードの周りを正八角形のアーケードが、その外側を同じく八角形の外壁が取り囲み、屋根はドラムの下から外壁へとなだらかに低くなっている。入り口は東西南北を正しく向いた四カ所にある。この、ドームを持つ集中式正八角形プランは、古代ローマ、初期キリスト教、ビザンツを通して地中海沿岸地域で見られた殉教者堂、記念堂、洗礼堂のプランに基づいたもので、中心となる遺物や設備の周りを人々が巡ることができるようになっている。

内部装飾もこれまでのビザンツ様式に則って、金地モザイク、大理石板、金属の梁から成る。長年の間に様々な王朝が補修や改装を行ったため、外壁の装飾は現在では二十世紀のタイル装飾に替わってしまい、ドームの内外も新しいものとなっているが、内装は創建当時のものを残しているか、改変の目立たない補修となっている。このうち、ムスリム君主の意向が最も反映されているのが金地モザイクである。ビザンツ宗教建築の金地モザイクであれば必ず描かれている人物表現、そして動物表現がここには一切ない。描かれているのは植物、器物、宝石、蔓草文、幾何学文で、これらのほとんどのモチーフはビザンツ様式を継承しているが、イスラームが六四二年に滅ぼしたサーサーン朝ペルシアの王冠が描かれている点は注目される。文字もビザンツで使われたギリシア文字ではなくアラビア文字となっており、内容はコーラン第四章からの引用で、イスラームの預言者でもあるイエスとその母マリアに触れた部分が記されている。岩のドームの立地がユダヤ教とキリスト教にとって重要な場所であることを十分意識したうえでの、引用箇所選択であったと思われる。また、現在ではのちのアッバース朝カリフ、マームーン（在位八一三―八三三年）の名前が見えるが、おそらく本来は創建者アブドゥルマリクの名前が記されていたであろう。

続く第六代ワリード一世（在位七〇五―七一五年）の時代には、首都ダマスクスの大モスク（ウマイヤ・モスクとも呼ばれる）が建設された。*3 ダマスクスは現在のシリア・アラブ共和国の首都であるが、紀元前十一世紀にはアラム王国の首都として発達し、ギリシア人、ローマ人の支配を経て、後四世紀末にキリスト教を国教化し、六三五年イスラームの征服後、六六一年ウマイヤ朝の首都となった。都市としての長い歴史と同様、ダマスクス大モスクが建設された敷地（一五七×一〇〇メートル）もローマ時代のユピテル神殿の敷地であったのだが、洗礼者ヨハネ教会が建てられ、アラブ征服によりキリスト教部分とイスラーム部分に二分されたのち、七〇六年、ユピテル神殿の外壁をそのまま活かしてウマイヤ朝宮殿に隣接する大モスクが建設されることとなったのである。北側に中庭を配してその周りに回廊を巡らせ、キブラを向く南壁に接して三横廊の横長の礼拝室とし、中央に天井の高い縦廊を配置して横廊を中断させる。大理石の円柱はスポリア（古代の建物からの建材の再利用）であり、礼拝室としての十分な高さを獲得するために円柱のアーチ列の上にもう一層を載せて二層のアーチ列としている。この礼拝室の建物を中庭から眺めると、ビザンツ下で建設されたラヴェンナ（イタリア）のサンタポリナーレ・ヌオヴォ聖堂（五〇〇年頃および五六一年頃）の金地モザイクに描かれた宮殿の立面図とよく似ており、同一の伝統に基づいていることを感じさせる。

大モスクは一八九三年の火災でかなりの部分を焼失しており、美しく飾られていた金地モザイク装飾も一部しか残らなかった。数次にわたり修復作業が行われた結果、現在では火災前の姿にかなり近づいた。金地モザイクの主題は建築物と樹木を伴う川岸の風景である。この風景がどこの風景なのか研究者の間で議論が重ねられているが、一致した見解はまだ見出されていない。特定の都市を描いたとする説、イスラームが支配した様々な都市を一つに描いたとする説、最後の審判の後の楽園を描いたとする説がある。建物の表現は、ローマ時代の壁画やビザンツのモザイクとも共通し、筆者は実在の建物というよりも架空の建物であるとの印象を受けている。わざわざ川岸という場面設定が選択されているのは、コーランにも潺潺《せんせん》と水が流れると記される楽園の風景を描いているのではないかと考える。しかし、この風景には人物も動物も存在しない。ビザンツのモザイクに見られる建物であれば、鳥が建物や樹木に止まっていたり、飛んでいたりするのであるが、一切の生き物が見られない。やはりここでも生き物表現が意図的に忌避されているのである。

岩のドームのモザイクと比較すると、アラビア語銘文がないことが大きな違いである。また、表現としては、岩のドームではモチーフの様式化が進んでおり、現実世界では存在しない、デザイン化された蔓草の文様や、厳然たる左右相称を呈する植物や器物、また架空の植物の表現など、非現実的で荘厳な印象を与えるが、ダマスクス大モスクでは現代の研究者たちが実在の都市を描いていると考えるほどに、自然で、現実味あふれる表現である。こうした違いは、岩のドームが聖地建築であり、他の宗教に対するイスラームの優越性を示す意図を持つことから生じたのかもしれない。ユダヤ教に対してはその立地により、キリスト教に対してはその銘文により、ゾロアスター教に対してはサーサーン朝王冠を描くことにより、イスラームの勝利を示していると思われる。他方でダマスクス大モスクでは、ムスリムが神を思い、豊かな気持ちになれる礼拝空間を生み出すための壁面装飾となっているのではないだろうか。

この時代からのコーラン写本の見開き口絵にも無生物の建築が描かれている。一九七二年にイエメンの首都サヌアの大モスクの天井裏から約四万葉のコーラン獣皮紙断片が発見され、現在全てサヌア古文書館に所蔵されているが、この中の二葉に建物の絵画が描かれていたのである。ここに見られる無生物の建築は、ミフラーブ（メッカの方向を指し示す壁龕）やミンバル（説教壇）、モスク・ランプといった設備や調度品を持つことから、モスクを描いていると思われる。ただし、それがどのモスクを描いているのかについては諸説ある。[*4] 筆者も拙著『イスラームの写本絵画』で私見を述べた。[*5] コーランというムスリムにとって最も大切な書物を飾るモスクの描写であるならば、それ相応に聖性を帯びた建築物である必要があるというのが筆者の意見である。具体的には、ダマスクス大モスクと共にワリード一世が建設したメディナの「預言者モスク」、そして、エルサレムのアクサー・モスクではないかと考えている。前者は聖遷後ムハンマドが居住し、宗教活動を行なっていたいわゆる「預言者の家」をモスクに建て替えたもので、ムハンマドの墓所を内包する。後者は前述の夜の旅でムハンマドが到達したと言及される「遠隔の礼拝堂（アクサー・モスク）」の建物を実際のモスクとして、神殿の丘敷地内の岩のドームの南側に建てたものである。建物の同定の正否は別にしても、ここではウマイヤ朝時代のコーラン写本に描かれた建物が無生物であるということを強調しておきたい。すなわち、ウマイヤ朝時代において宗教的な建物のみならずコーラン写本の装飾においても人物や動物の表現を忌避していたということである。

しかしながら、同じウマイヤ朝時代であっても世俗の美術では、状況が異なる。同時代の八世紀前半に地中海東岸の砂漠の中に建てられたウマイヤ朝の小宮殿群には、様々な姿の人物や動物が壁画、モザイク、漆喰像で生き生きと描かれていたのである。このことは、イスラームのごく初期の時代において、二番目の禁忌、宗教的な場面で人物や動物を描かないことは、世俗の場面には適用されなかったことを示している。パレスティナのヒルバト・アル＝マフジャル（「マフジャルの遺跡」の意、八世紀前半）は水場、宮殿、モスク、浴場から成る宮殿複合施設で、浴場内の「玉座の間」と呼ばれる部屋には床モザイクとして、実をつけた大きな樹木の下で草を食むガゼルと、ガゼルを襲うライオンが写実的に描かれている。[*6]また、壁面や天井は着彩された漆喰の浮彫人物像でびっしりと埋められ、浴場であるためか、上半身が裸の女性像も複数ある。

ヨルダンにあるクサイル・アムラ（「アムラの小城」の意）は、ローマ風呂の技術による浴場施設で、広間と浴場から成る。いずれも壁面および天井を隙間なく壁画が覆っている。[*7]玉座に座った君主像を描いたり、ウマイヤ朝が支配した地域の王たちの肖像にギリシア語とアラビア語の銘文を入れて支配権を強調しているかと思えば、狩りをする人々、狩りで得た獲物を処理する人々、踊り子たち、入浴する人々、労働者たちなど名もなき人々の表現も見られる。また、動物が楽器を奏でるユーモラスな姿も描かれている。

ヒルバト・アル＝マフジャルにおいても、クサイル・アムラにおいても、ヌードを含む雑多でおおらかな人物表現は、前時代の浴場装飾を受け継いでいると思われる。一方で、玉座に座る君主やガゼルを襲うライオンなど王権の象徴とも言える表現は、ウマイヤ朝君主が宮殿を飾るために指示したものかもしれない。特に、銘文入りの被支配者たちの群像は特異なモチーフであり、アラビア文字を使うことでアラブ人の存在を印象づけている。

貨幣を見ると、七世紀後半のウマイヤ朝貨幣は、三人の人物の肖像を描いたビザンツ貨幣をそのままコピーし、裏に描かれた十字架の横棒をなくして単なる一本棒の立った塚の表現とし、ギリシア語銘文をアラビア語銘文に替えただけでよしとしていた。[*8]しかし、貨幣はその用途の性格から、使用する金属の純度を神に誓わなければならないため、アラビア語のバスマラ（「慈悲深く慈愛あまねき神の御名において」という定型句）や信仰告白（「神のほかに神はなく、ムハンマドは神の使徒である」という信仰を証言する定型句）といった宗教的文言が貨幣に記されるようになると、人物表現は忌避されるようになった。ただし例外もあり、それについては第四節で述べることとする。

三　イスラームの宗教美術と文様

第二の禁忌、宗教的な場面における動物や人物（被創造物）の造形表現の忌避は、イスラーム美術の発展に大きな影響を与えた。美術が荘厳する最も尊い、大切なものは、神に関するものであるから、祈りに用いられる建築、調度品、写本は最も美麗に装飾されなければならない。もちろん、世俗の建築や美術品も君主のためのものであれば美麗に装飾されるが、王朝が滅びてしまえば破壊されたり、略奪されたりして残らない。しかし、神を讃える、宗教に関するものを君主が作らせれば、それは尊重され、保存され、作らせた敬虔な人物の名前（あるいは王朝の名前）は残っていく。君主たちはそのことを理解し、自分が最も美しいと考える宗教美術を制作することに大きな意義を見出したであろう。そこで宗教美術のために、動物・人物以外のモチーフを高度に洗練する必要性が生まれたのであり、多用されたのが幾何学文、植物文であった。また、神の啓示を伝えるアラビア文字を厳密な規則に基づいて美しく書き入れる書道も発展して、造形芸術に大いに用いられた。

幾何学文はイスラームに先行する時代の美術にも使われており、ウマイヤ朝美術でもそれが継承されたが、比較的単純なものであった。幾何学文が特に発達したのはアッバース朝（七五〇―一二五八年）時代の九世紀以降で、首都バグダード（現イラク）に「知恵の館」という科学研究施設が創設されると、ギリシア科学がアラビア語に翻訳され、幾何学を含むアラビア数学が大きな進展を見せたのである。そうして、複雑な幾何学的作図を行い、様々な図形が永遠に連続する文様が作り出された。

植物文は世界中のいかなる地域の美術にも必ず存在するモチーフと言っていいが、イスラーム地域で特徴的な植物文は蔓草文で、蔓が幾何学的作図に基づいた軌跡を取り、上下左右に伸びたり、複雑に絡み合ったりしながら連続し、葉や花も図案的な観点に基づいて配置されるなど幾何学文が応用された。また、植物文は幾何学文の図形の中に充塡されたり、アラビア文字銘文の背景としても用いられたりした。そのほか好まれた植物文には、イスラーム以前の時代から存在するパルメット文（椰子の葉を横から見た文様）や中国に由来する宝相華文などがある。オスマン朝（一二九九―一九二二年）下のトルコやムガル朝（一五二六―一八五八年）下のインドでは、その地で好まれた実在の植物が地面から生える写実的な様子が描かれ、前者ではチューリップやカーネーション、後者では百合や芥子などがモチーフとして使われた。

アラビア文字はセム語系のアルファベットであり、紀元前二世紀からアラビア半島北部、シナイ半島からシリアに居住していた半遊牧民のナバテア人が使用していたナバテア文字を起源とすると考えられている。[*9] 横書きで右から左に書き、子音と長母音のみが記される。初期のコーラン獣皮紙写本、建築物の銘文などに用いられた書体をクーフィー体と言い、縦画と横画の直線部と文字の曲線部を対照的に図案化した、幾何学美のある書体であった。十世紀までにイスラーム地域でも紙が普及すると、草書体も発展し、建築銘文やコーラン写本の見出しにはスルス体と呼ばれる、文字に肥瘦のある荘重

図２　フェズ（モロッコ）、アッタリーン・マドラサ（14 世紀）。著者撮影

な書体が使われるようになった。

幾何学文、植物文、アラビア文字は、イスラームの宗教美術を飾るべき要素として、洗練され、美しさが追求された。これら三つの要素が三点セットとも言えるほどイスラーム地域全域の美術において組み合わせられて出現することは、イスラーム美術を通して共通する特徴ととらえることができる。すなわち、イスラームの造形表現に対する制限に起因する美である。

例えば、十四世紀の北アフリカのモロッコの宗教建築（図2）を見ると、色と形の異なるタイルを組み合わせて腰羽目部分に幾何学文様を作り出し、その上に植物文様を背景にしたアラビア文字銘文のタイル・フリーズを並べている。その上の壁一面を幾何学文、植物文、アラビア文字銘文の漆喰浮彫で覆い、さらに幾何学的な植物文が彫刻された木材を壁面上部から天井に続けている。十七世紀のイランの宗教建築（図3）では、一枚のタイルの上に異なった色の釉薬で植物文、アラビア文字の絵付けを行い、それらを壁面やドーム内部に張りつめることで全体的な図案を作り出しており、さらに幾何学文を応用した蔓草文の透かし彫りのある漆喰の開口部を持つ。時代や地域が異なる二つの宗教建築において、装飾の技法や様式の違いはあるが、同じ要素が装飾を形成していることがわかる。

コーラン写本には幾何学文、植物文、アラビア文字から構成された口絵や章見出しはあるが、内容を絵画化した挿絵は一切ない。作図を行なって緻密に彩飾し、高価な顔料である金やラピス・ラズリの藍色を施した口絵を持つ、豪華な写本が制作された（図4）。また、神の言葉を完璧な文字で書き写す書家たちは誇りをもって自らの署名を写本の奥書に書き入れた。神の言葉を伝えるという任務を持つ書家はあらゆる芸術家の中で最も位が高く、優れた書家の名声は王朝を超えてとどろき渡った。

図3　イスファハーン（イラン）、シャー・モスク（17 世紀）。著者撮影

図4　ムハンマド・イブン・アイバク・イブン・アブドゥッラー彩飾コーラン口絵、バグダード（イラク）、1306/07 年。メトロポリタン美術館 50.12、www.metmuseum.org

図５　アブー・ザイド・アル=カーシャーニー彩画ミーナーイー鉢、カーシャーン（イラン）、1187年。メトロポリタン美術館 64.178.2、www.metmuseum.org

例えばオスマン朝は、十三世紀半ばから後半に活躍したバグダードの書家ヤークート・アル＝ムスタースィミーによるコーラン写本を十六世紀に手に入れ、美麗に彩飾させ直したほどである。*10

イスラーム宗教美術のために著しく発達した文様と書は、宮廷など世俗のための美術にも転用された。宗教美術も世俗美術も制作を担当するのは、宮廷に仕える同じ建築家、芸術家、職人であるため、自分たちの得意なモチーフや技法がいずれの場合にも用いられたからである。ただし、ウマイヤ朝の宮殿や浴場で見たように、世俗美術の場合は動物や人物の表現も可とされた。宮殿に浮彫や壁画で描かれた君主と家臣たちの壮麗な姿や、物語を印象的な構図で図示した写本の挿絵、陶器や金属器やガラス器、あるいは絨毯、衣服に描かれた生き生きとした人物や動物の表現は、幾何学文、植物文、アラビア文字という宗教美術の特徴にプラスして、イスラーム美術の大きな魅力となっている（図5）。

四　解釈の違いと造形表現

既に述べたように、第一の禁忌は厳然たるものであるが、第二の禁忌には解釈のばらつきがあった。宗教的な場所であっても動物表現が見られた例として、十二―十三世紀のアナトリアが挙げられる。この時代のアナトリア（ルーム）には、中央アジアに興ったトルコ系民族が建設したルーム・セルジューク朝（一〇七七―一三〇八年）のほか、同じくトルコ系の小国が複数並立していた。アルトゥク朝（一〇九八―一四〇九年）が十二世紀後半にディヤルバクル（現トルコ）に建てた大モスクの門には、宗教建築の一部であるにもかかわらず、牛を襲うライオンの表現が浮彫で施されている（図6）。また、メンギュジュク朝（一一一八年以前―十三世紀半ば）が十三世紀前半にディヴリィ（現トルコ）に建設した、モスク・病院から成る複合施設の外壁にも双頭の鷲の浮彫が見られる（図7）。そのほか、ルーム・セルジューク朝のモスクや墓廟の外壁にも動物の浮彫がある。貨幣の裏に人物・動物が描かれているのも、この時期のアナトリアにおいてのみであり、双頭の鷲、君主像、黄道十二宮や太陽・惑星の擬人像（図8）などが鋳造されている。*11

この現象がアナトリアという土地柄に由来するのか、トルコ系民族の特性に由来するのか、明言はできないが、双方が重なったことにより生じたと筆者は考えている。アナトリアはルーム・セル

図6　ディヤルバクル（トルコ）、大モスク門の浮彫（12世紀）。深見奈緒子撮影

ジューク朝が侵攻するまでビザンツ帝国の領域であり、宗教美術や貨幣に人物・動物表現を加えていた伝統がある。また、トルコ系民族は王族・官僚の各人が紋章を持つが、特に君主は双頭の鷲やライオンといった王者の紋章を自分が注文した事物に入れており、ルーム・セルジューク朝宮殿のタイル装飾においてもこれらの紋章を帯びたものが多数出土している。[*12] これらは紋章であって実在の動物を意図するものではないため宗教建築の浮彫装飾として許されたとも考えられる。あるいは、宗教建築への設置例も外壁に限られており、実際に祈りを行う場に面する内壁を避けることで禁忌を守ったことになるのかもしれない。当時の貨幣に見られる人物・動物の図柄には、ビザンツ貨幣とほぼ同じ図柄にアラビア語銘文を入れたものもあることから、前時代アナトリアの伝統の継続が大きな要因であったと思われる。図柄を紋章や占星

図７　ディヴリィ（トルコ）、モスク・病院（13世紀）。深見奈緒子撮影

図８　ルーム・セルジューク朝ギヤース・アッディーン・カイ・フスラウ二世のディルハム貨幣、コニヤ（トルコ）、1240/41年。メトロポリタン美術館 99.35.2379、www.metmuseum.org

図９　マムルーク朝ナースィル・ムハンマドに仕えたアミールのための真鍮製水盤、カイロ（エジプト）、14世紀。ロサンゼルス郡立美術館 M.73.5.125、www.lacma.org

術の図像に替えていくことによって徐々に独自のものとなり、図像の持つ実在感は薄れていったが、十三世紀半ばからのモンゴルの侵入などの政治的変化に伴い、画像入り貨幣は完全に失われた。

一方、世俗の場面でも人物・動物表現が忌避されたのは、エジプトとシリアを支配していたトルコ系のマムルーク朝（一二五〇―一五一七年）下の一三三〇年ごろ以降である。それまでは金属器やガラス器において、象嵌細工やエナメル彩の技法で活気あふれる人物・動物を描いていたが、世俗的に使用されたと思われる器物においても一三三〇年ごろを境にして見られなくなり、アラビア語銘文を前面に押し出した様式に変わっていく（図９）。ここには、人物・動物像についての解釈に意図的な転換があるようだ。これに先立つ一三〇〇年前後はマムルーク朝のスルターン位が安定しなかった時期で、強大なスルターン、カラーウーン（在位一二七九―九〇年）の死後、カラーウーンの子孫と臣下の間で権力争いが顕在化し、スルターンは短期間で次のスルターンに替わった。中でもカラーウーンの息子ナースィル・ムハンマド（在位一二九三―九四年、一二九九―一三〇九年、一三一〇―四一年）は、まだ八歳であったときにスルターン位に擁立された後、廃位、追放、再擁立、再廃位を経験し、一三一〇年にクーデターを起こして三度目の即位を行い、自らが実権を握って強権的な政治を行い、マムルーク朝の全盛期をもたらした。ナースィル・ムハンマドは三度目の治世で、カイロの城塞に宮殿とモスクを建設し、多くの金属器を作らせるなど、芸術への貢献も大きかった反面、メッカに三度も巡礼を行って敬虔さを示した。史書には全く記されていないが、現存する美術品から考察すると、マムルーク朝の聖俗全ての美術品における人物・動物像の忌避はナースィル・ムハンマドの意向が反映されているのではないかと考えられる。これ以降、マムルーク朝美術品では人物や動物は、より庶民的な陶器を除いてほとんど見られなくなる。

人物・動物表現の解釈の揺れ以外に、写本絵画において預言者ムハンマドをどう描くべきか、どこまで描いてもいいか、という解釈も地域や時代によって異なる。*13 ムハンマドは神ではないので描いてはいけないという禁忌はないが、十四世紀以降は挿絵入り写本が発達せず、作例そのものもあまり多く残っていないアラビア語圏では、預言者ムハンマドが写本挿絵に描かれた例は残っていない。現存する例はインドを含むペルシア語圏およびオスマン・トルコ語圏が中心となり、歴史書、預言者伝、占いの書、ムハンマドについて言及のある文学作品などの挿絵に描かれる。

現存最古のものは十三世紀末から十四世紀初頭のイル・ハーン朝（一二五八―一三五三年、イラン・

イラクを支配したモンゴル王朝）時代のもので、ムハンマドは口髭と顎鬚を蓄え、長い髪を両側にたらした人物として描かれる。服装は、ターバンを被り、アラブの長いチュニックを纏うが衣服の色や柄に決まりはなかったようである。十五世紀のティムール朝時代（一三七〇―一五〇七年、イラン、アフガニスタン、中央アジアを支配したトルコ・モンゴル系王朝）では、ムハンマドはイスラームの色である緑色の衣に身を包まれ、金の頭光、あるいは全身に光背を帯び、夜の旅でムハンマドが乗ったとされるブラークという霊獣と共に描かれることが多い。ブラークには十四世紀の作例もあるが表現が確立しておらず、十五世紀になって人間の頭部に馬の身体、牛の脚を持ち、尻尾は駱駝または孔雀のものとなり、容貌がほぼ定着した。十六世紀以降になると、イランでもトルコでもムハンマドの顔は描かれなくなり、顔はヴェールで覆われるようになる（図10）。このような変化がもたらされたのは、十六世紀にサファヴィー朝（一五〇一―一七三六年）がイランを支配するようになってからで、このイラン系王朝がもともと神秘主義教団の家系であることと関連しているのかもしれない。写本絵画ではサファヴィー朝の強い影響を受けてきたオスマン朝もサファヴィー朝絵画におけるムハンマド表現に追随したものと思われる。さらに後の顕著な例になると、ブラークに載った光背のみでムハンマドの存在を暗示したり、ブラークだけを示してムハンマドを全く描かなかったりする。ヴェールで顔を覆うことや姿を一切描かないことで、ムハンマドの聖性が却って強調されるのであり、その傾向は時代が下るにつれて大きくなる。

では、ムハンマド以外の預言者はどうだろうか。他の預言者ではソロモンが文学作品写本の口絵によく描かれるのを始めとして、歴史書、預言者伝、占いの書に多くの預言者が描かれている。イス

図10　預言者ムハンマドの昇天（ニザーミー五部作写本より）、シーラーズ（イラン）、16世紀。ブルックリン美術館 36.238、Photo: Brooklyn Museum, 36.238_IMLS_SL2.jpg

ラームにおいて（およびユダヤ教、キリスト教でも）最初の預言者アダム、ムハンマド以前で最も重要な預言者モーゼ、イエスなどでさえ、預言者は十六世紀以降においても金の頭光を帯びているものの、顔がヴェールで覆われることはなく顔貌はそのまま描かれる。ただし、ムハンマドの従弟で娘婿である、第四代正統カリフ、アリー（在位六五六—六六一年）はシーア派最初のイマーム（教徒の指導者）であり、シーア派において非常に尊崇されているために、シーア派が多いイランの写本ではムハンマドと同様に顔がヴェールで覆われる。このことから、最後で最大の預言者ムハンマドが預言者の中では別格であることと、シーア派におけるアリーの重要さが明らかである。

五　おわりに

イスラームにおける二つの禁忌は、イスラーム美術を形成しようとする初期の時代から遵守され、美術の発展に大きく関与してきた。時間も空間も幅広いイスラーム地域の美術において、様式やモチーフに差異はあるが、幾何学文、植物文、アラビア文字のいずれもが発達した点が共通するのは、イスラームという宗教で結ばれているからこそである。イスラーム美術は、宗教が生み出した美の世界であるといえよう。イスラーム美術に共通する特徴は、ヨーロッパでは「アラベスク（アラビア風の）」と呼ばれた。現代日本ではアラベスクというと植物文だけを指すことが多いが、本来、幾何学文、植物文、アラビア文字の三つの要素全てを指す。この三つがイスラーム美術を形成する重要な特徴であることを、イスラーム地域と境界を接するヨーロッパでは前近代から既に認識されていたようである。

最後に「キリスト教美術」や「仏教美術」という宗教美術の括りはあるのに、なぜ「イスラーム美術」という名称で宗教美術として括られないのかという点に今一度注目したい。「イスラーム美術」とは何かというとき、美術史という学問分野を作り出したキリスト教徒のヨーロッパ人が非キリスト教徒である隣人の美術を世俗美術も宗教美術も含めて便宜的に呼んだ名称であるというのが最も正直な説明であり、ヨーロッパ中心主義的な世界観を反映している。しかし、筆者は「イスラーム美術」と総称されたことにもっと深い意義があるような気がしている。まず、「キリスト教美術」も「仏教美術」も経典に語られたエピソードや人物（または神）を彫刻、浮彫、絵画などにおいて図像で表しているために、それを読み解く専門の図像学が必要であるが、本稿で述べてきた造形芸術への制約を持つイスラームでは、コーランにもハディースにも挿絵を加えないので、他の宗教美術とは違って、宗教的図像の解釈がほとんど必要ないことも大きな特徴の一つである。そのため、イスラーム美術では、宗教美術をわざわざ別枠にして研究する意味がないのである。

さらに、本論で見てきたように、イスラームという宗教が美術に課した制約がどんな時代のどんな地域の美術においても共通して守られてきた結果、イスラーム美術の特徴を生み出しているということ、そして、それは宗教美術にも世俗美術にも見出されるということがある。現代の国境、言語の違い、宗教と世俗の区別などによって簡単に分かつことが困難な、イスラームという宗教が作り出してきた美術全てを包括的に考察することによって初めて、イスラーム美術本来のありように迫ることができるのではないだろうか。

（二〇一八年十月二十日）

注

1 Thomas W. Arnold, *Painting in Islam*, (Oxford, 1928), New York: Dover Publications, 1965, pp. 1–40; C. Gruber ed., *The Image Debate*, London: Gingko Library, 2019. 桝屋友子『イスラームの写本絵画』名古屋大学出版会、二〇一四年、二一–五頁。

2 O. Grabar, *The Shape of the Holy*, Princeton: Princeton University Press, 1996; S. Nuseibeh and O. Grabar, *The Dome of the Rock*, New York: Rizzoli, 1996. など参照。

3 F. B. Flood, *The Great Mosque of Damascus*, Leiden: Brill, 2001; G. Degeorge, *La Grande Mosquée des Omeyyades*, Paris: Imprimerie nationale Éditions, 2010. など参照。

4 O. Grabar, *The Mediation of Ornament*, Princeton: Princeton University Press, 1992, pp. 155–160, Pls. 16–17, Figs. 127–128.

5 桝屋『イスラームの写本絵画』一二九–一三六頁。

6 R. W. Hamilton and O. Grabar, *Khirbat al Mafjar*, Oxford: Oxford University Press, 1959. など参照。

7 C. Vibert-Guigue and Gh. Bisheh, *Les peintures de Qusayr ʻAmra*, Beirut: Institut Français du Proche-Orient and Department of Antiquities of Jordan, 2007. など参照。

8 因みに同時代の旧サーサーン朝領域のイランでも、サーサーン朝君主の肖像入り貨幣をそのまま模倣しつつもアラビア語銘文を入れただけの貨幣が鋳造されていた。

9 Y. H. Safadi, *Islamic Calligraphy*, London: Thames and Hudson, 1978, p. 7.

10 イスタンブル、トプカプ宮殿博物館、収蔵番号 E.H. 227。E. Atil, *The Age of Sultan Süleyman the Magnificent*, Washington D.C. and New York: National Gallery of Art and Harry N. Abrams, 1987, cat. no. 13. 参照。

11　D. J. Roxburgh ed., *Turks*, London: Royal Academy of Arts, 2005, pp. 128–129, 396–399.

12　R. Arık, *Kubad Abad*, Istanbul: Türkiye İş Bankası, 2000.

13　C. Gruber, *The Praiseworthy One*, Bloomington: Indiana University Press, 2018. ほかクリスティアーヌ・グルーバーの一連の論文を参照。

第四部　日本文明の一隅を照らす

第八章　いかめしく節用を繰る名付親 —— 〝節用の日本文明〟再考

横山俊夫

序

〝節用の日本文明〟を再考する——これが本論のねらいです。かつての日本社会を「節用の日本文明」という七文字で目《もく》す——この考えを公表したのは二〇〇二年でした。その年のジェイアール東海の月刊誌『ひととき』八月号から、節用集《せつようしゅう》、略してセツヨウ、セッチョウと呼ばれた室町末期以来の日用書について連載を始めるにあたり、通し題として右の七文字を選んだのです。それから月々、二〇〇四年三月の最終回まで語りつぎ、その後も折々考え直し、語ってきたことがらを、今あらためて考えようとしています。なお、節用という言葉については、中国では明代（十四世紀後半—）までに広まっていた俗語で「折節《おりふし》に用いる」の意とする説と、『論語』学而篇にある「用を節して人を愛す」の一節に依拠したとする説が、久しく並んで今に至ります。

さて、表題の「いかめしく」以下は川柳です。『誹風 柳多留』に選ばれた一句[*1]を借りました。この句からは、節用集をとりまいた当時の人々の顔が浮かびます。その書物の人気は、「天下太平」の意識が広まる十八世紀にさらに高まり、さまざまな版が出され、十九世紀には厚さ十センチ近い豪華なものも広まりました。

かの川柳から浮かぶのは、まず名付親の顔。男子が成人して名乗る本名の漢字二文字の選択を頼まれた仁。節用集の付録「名乗字」の項に並ぶ数百の文字群から適当に選べばよいのではありません。まず、節用集の付録の要をなす「六十図」で新成人の生まれ年の干支《えと》に配当された五性、すなわち木《もく》火《か》土《ど》金《ごん》水《すい》のいずれかを確かめる。たとえば丙子《ひのえね》年や癸《みずのと》亥《ゐ》年の生まれは水性と。そしてその性と、候補になりそうな文字のうち、頭に据える文字との相性を考える。たとえば「孝」や「安」の字は金性。五性の相性で言えば、「水生金」ゆえ「吉」と。その下に据える文字の候補の性も、「名乗字」の字ごとの注記で調べ、二文字それぞれの性が相剋しないかを調べる……。吉名を勘案するほどに名付親の顔は「いかめしく」なったことでしょう。

大冊の節用集の市価は一両を越しましたから、持主は町でも村でもいわゆる役持ちが多く、それを備えている人の〝重み〟の象徴ともなり、人々から「節用どの」と呼ばれることもありました。そして、名付けの依頼者はと見れば、ひたすら待つ面持ち。さらにその場に同行しなかったものの、依頼者を見送り、結果を待つ親族たちに漂うつつしみの気配。この句の作者は、たまたま名付けの文字選びの場に居合わせたか、あるいは、名付親その人が、度重なる依頼に応じる我が身をいささか自嘲をこめて詠んだか。そしてこの投句を得た『柳多留』選者の、これなる哉と肯く表情……つまり、本論の表題にこの句を掲げるなら、節用集が仲立ちし繋いだ人々、ひいてはそのような繋がりに支えられた社会へと今の私たちが思いを馳せる手がかりになると考えたのです。

□

さて、この国に節用集が生まれたのは、遅くとも十五世紀後半、応仁から文明への改元の頃とされます。東アジアの漢字文化圏の東端にあって、はなし言葉と文字、そして文字も、真名（漢字）が仮名を生み、真名書きと仮名書きのあいだに独特の距離を保つに至っていた社会。そこで、和語、日用口語の漢字変換を助けるためのイロハ引き字書として編まれたのが節用集でした。その後、語彙を増しつつ延々四世紀半にわたり、この国各地の町や村あわせて六万以上を数えた各共同体に少なくとも一冊はあった——ということは国中に文字通り〝遍在〟して、あらたまった折の礼に適うとされた漢字による意思表示の次元と、常の話し言葉での意思疎通の次元とを〝隔てつつも繋ぎとめる〟ことで、この国の日々のありようを整えたのです。とくに十七世紀末の元禄期以降に出版された諸版では、字引部分の漢字変換機能のほかに、古今の雅俗や吉凶にかかわる絵入りの付録が増え、その多彩な情報も、文字による意思表示のありかたを支えます。なぜならそれらは、当時の世間のいわゆる尊卑の別のみならず、天地の神々への慎みようまで、〝さまざまな他者〟への距離の保ちかた、いわば自らの立ち位置を感得させるものであったからです。

つまり節用集の主流は、十八世紀を通じていわば総合礼法書へと変貌したのです。使用者の多くは、日本や世界の地図、「天地開闢」以来の年代記、公家や武家の名鑑などをながめつつ、立居振舞、書状や証文の書き方、贈呈にあたっての熨斗の整えよう、客人供応の献立など、しかるべき時の作法を知り、一定の行いを、時には控え、時には気を張ってつとめたわけです。また、神仏との結縁には、日選びや方選びがなされ、縁組みについても、男女それぞれの五性の組合せの吉凶は未来に及ぶ重大事で、多くの人は節用集の付録を覗き込んで心を構えたのです。

この書が媒介となって続いた、多様ながらもまとまりを保った社会というものをどのように捉え、今の世の治乱に心をくだく国内外の人々にどのような言葉で語るか——この課題に取組みだして四十年。はじまりは、一九八三年三月に大阪の国立民族学博物館で行われた文明学部門国際シンポジウム、いわゆる「谷口文明学シンポジウム」[*2]の第一回でした。初日、発起人の梅棹忠夫氏の基調講演に続く、いわばキックオフ報告が、私の「節用集と日本文明」[*3]でした。そしてボン大学のヨーゼフ・クライナー氏による日本研究総合化への提言、ウイーン大学のセップ・リンハルト氏の日本文明構成要素としての家と家族の論へと続きました。以下本論「一」では、このシンポジウムから『ひととき』連載開始までの二十年の歩みを、第一期として振り返ります。

□

なお、その前にひと言。漢字で表される「文明」（発音は、*wenming* 中、*moonmyong* 韓、*vanmin* 越、*bunmei* 日）と西ヨーロッパ語「civilization」の違いにつきまして。一九八三年以来、「文明」の定義をめぐり、梅棹氏と私との間に対話が続きました。[*4] 梅棹氏は「文明」を科学用語にしようとされた——

まず、文明すなわちcivilizationとし、それは価値判断を伴わない概念、つまり研究者の視野を定める世界共通の枠組みとして、「社会システム」あるいは十九世紀英語なら「political economy」に近い概念に落ち着かせ、人類社会の多様なまとまりを比較する枠組みに、との考えでした。

他方私にとっては、漢字語「文明」と「civilization」が洋の東西で、ある程度までは類似の、望ましい安定社会をたたえる言葉でありながら、異なる歴史を歩んでいたことも重要でした。とくに、前者のほうは、天地にまたがる文《あや》が光明をたたえることがすなわち文明とする、『易』文言伝中の「天下文明」の表現から数えても、二千年来の観念として。世の治乱で言えば、「治」すなわち安定平和、しかも閉塞せず輝きをたたえる状態です。かたやcivilizationは、核にあるのはcivility、その源をラテン語やギリシャ語へとたどれば、都市の上層にある人々の生活の洗練を語る言葉につながっている。しかし、近代に入り国家が幅をきかすに至り、とくに十八世紀に動詞civiliser/civilizeに-tionが付けられて抽象度の高い観念にされてからは、支配層の振舞いから粗暴さが後退する点が強調され、その後十九世紀の帝国拡張の時代には「文明化の使徒」といった使われ方とともに、キリスト教や交易の広まり、科学や技術の進展、とりわけ交通、電信、衛生、また社会の平準化すなわち奴隷解放や女性の地位向上などの変化もひとまとめに語られるようになりました。とくにイギリスでは、保守派から「ラディカルズ」と呼ばれた進歩主義者たちのあいだで。

その、いわば〝できたての大観念〟の浪を被った東アジアの知識人も、そのようなcivilizationの訳語に「文明」の二字をあて、振りかざします。つまり、当時の西ヨーロッパでは、超越的な唯一神はcivilityの対象とはならず、はるか見えない高みにあって、万物を統べる特権を人間に与える存在でしたから、civilizationの観念は人間たちの状態に限定されたのです。[*5]つまり近代漢字語としての「文明」は、天地との文《あや》を基本とする伝来の語義を脇にやり、「野蛮」払拭、勢力拡張、富国強兵ぶりを自賛し競い合う標語として流布し、混沌の二十世紀をもたらすに至ったのです。

ところが、二〇一五年九月の国連サミットでの「持続可能開発目標（SDGs）」の採択が象徴するように、風向きが変わりだしています。「他者」を犠牲にしない持続的発展という場合の「他者」に人間以外の環境や生物の多様性も含めたからです。これは、東アジアの古典的文明観、天地と文《あや》をなし世が輝くことを理想とする考えに近づき始めたということです。何のための文明研究かと立ち止まれば、価値判断を排して「客観的に」各社会圏を比べ、その先は問わないのが近代科学であったとすれば、現代の文明学は価値判断、理念を語ることと不可分の学問になろうとしています。節用集が日本の〝文明化〟にどのような働きをなしたかを調べることは、文明という漢字語の根にある価値をも意識し直すことになると考えるのが、私の立場です。——そう、安定すれども閉塞せず天地にわたり光明のさす世を想いつつ文明を考えることが、古典東アジア風にとどまらない〝今様〟になりはじめたことに注意を払いつつ。

一

そこでまず、節用集なるもの（とくに十八、十九世紀の）が関わった世界の大きさを私なりに発見した頃のふりかえりを。それは、伝存冊の探訪と解読の時期でした。じつは節用集が写本でなく印刷本として現れたのが十六世紀末近く、さらに百年を経た元禄頃には、既に述べたように、付録に工夫を凝らした版が年々出るほどの人気書となり、その広まり、遍在《あたりまえ》ぶりがかえって近代の学界の関心の低さにつながったのです。[*6] 私の仕事は、まずそれらを所蔵される家や図書館を尋ねては、似た内容の諸冊を倦むことなく読み、運よくば、所蔵家でそれにまつわる昔語りに耳を傾けることでした。

本格的な調査の始まりは一九八〇年代半ばでした。京都市史編纂所を中心に、家々に残された古文書の調査に関わられた方々から、節用集を見かけたとの情報提供を受けました。それから一九八八年秋にNHKのラジオ放送で私が呼びかけたことにも遠近から応答がありました。

また、収集された節用集の閲覧ということでは、高知県立牧野植物園の牧野文庫は、植物学者の牧野富太郎氏による版本辞書類の、同版重複もいとわぬ収集（節用集も含む）に感動を覚えました。金沢市立図書館の家文庫受け入れも家ごとの年来の蔵書のありよう（一九九〇年夏段階で二七文庫、多くは節用集を含む）をそのままに後世へ伝えようとの、当時としては新しい図書収集保存の姿勢にも感銘を受けました。個人のご支援としては、国語学者山田忠雄氏が印象に残ります。

節用集の研究といえば、当時は未だ国語学者上田萬年氏や橋本進吉氏以来の姿勢、すなわち室町期のいわゆる古本節用集の写本系統をたどることが主流で、江戸中期以降のものは「通俗化した」と片付けられがちでした。ただ、広く学問的な応援はいくつかの方面からありました。京都大学人文科学研究所では、林屋辰三郎氏主宰の日本の「市民文化」形成史をめぐる共同研究班が続いており、資料集めにかかわった私は絵入り本集めに注力。もちろん節用集も含めて。林屋氏は平安から室町に至る漢字受容史のなかでの初期の節用集の使われ方に関心を持たれ、漢字学びが遊びや芸能の域に至ったと指

図１　『永代節用無尽蔵』嘉永２年版（向山室蔵）外観。縦 26.5㎝、横 19㎝、厚みは上下２冊を重ね、計 9.5㎝（表紙を含む）。撮影 根木隆之氏。

摘しておられました。[*7] 林屋研究班には出版史家の宗政五十緒氏、技術史家の吉田光邦氏もおられ、宗政氏からは十七世紀来の多彩な京書肆の出版活動について教わり、吉田氏は古書肆との付き合いが広く、私の節用集への関心に対して、それなら大雑書も重要と語っておられました。

京都大学の外では、宗教民俗学の五来重氏主宰の八幡信仰の研究会がありました。ケンブリッジ大学のカルメン・ブラカーさんの紹介で加えていただき、晩年の五来氏の謦咳に触れました。世話方はフランス極東学院の日本巫術研究家アン・ブッシイ氏、参加者の中には僧籍の方や郷土史家もおられ、節用集を伝えられる家々も紹介していただいた。

この、いわば多出張、多読の時期は数年で終わります。収穫は次の二点でした。

(1)　三都出版の大冊『永代節用《えいたいせつよう》無尽蔵《むじんぞう》』諸

版が節用集類の流布に占めた大きさの発見。

それらを蔵する公私の施設が多いことは、国書総目録の当該項に掲載された所蔵図書館や文庫の数からも窺えたことです。しかし数量情報は実感を伴いにくい。ところが、目録類に挙がらぬ民間の蔵書を拝見しても、この『永代節用無尽蔵』にはよく出会い、なるほどと納得したわけです〔図1〕。

もう一点は、

(2) それら同類の出版物のそれぞれの使われかたの違いが見え始めたこと。

この時期の私の主な関心は、いわゆる「通俗化」の象徴、すなわち付録部分へといよいよ向かうものでした。付録が膨らんだということは、使い手の求めと呼応していたのでしょう。節用集は十八世紀中には二百丁（四百頁）を越え、十九世紀早々には三百数十丁のものも出始めます。その大冊ものの付録の中身の概要を、一例として嘉永二（一八四九）年版『永代節用無尽蔵』をとりあげ、やや詳しく見ておきます。

大冊節用集は大まかに三部構成になっています。この『永代節用無尽蔵』ですと、中ほどの四百数十丁が和漢対照字引の部分（いろは引き、「乾坤」「時候」「神仏」に始まり「草木」「数量」「言語《げんぎょ》」に至る十三門部分けに配列、例えば「いにしえ」は「い」の時候門を繰れば、その仮名四字に並記された漢字「往古」が見つかる）、字引部は「字海」とも呼ばれ、大冊節用集の〝柱〟をなします。その前にあるのが「口」。今の口絵に近いものも含まれ、この部分だけで百丁ほどになります。そして字海の後ろには「奥」と呼ばれる部分。これが十数丁ほど。それから、字海の上欄には頭書《かしらがき》が帯状に続きます。

序で少し触れましたように、口にはおもに現世の世界の知識が集められています。「世界万国之図」「大日本国之図」、富士、吉野の図、忠孝智仁勇義の各徳目の体現者の図説、元号検索を助ける「略年代記」、内裏図、三都地図、東海や木曾の道中図、一月を孟春、睦月などと言い替えるための「月異名」、「本朝」と「漢土《もろこし》」の「三十六武仙」、懐妊から出産までの月々の胎児の図説、頼朝から徳川家当代までの「中興武将」一覧、畿内にはじまる全国大名の紋所、居城、石高などを連ねた武鑑、「小笠原諸礼」(座敷所作、膳の運びようなど)、「祭祀法会」の年中行事、「立花」「茶之湯」図説、囲碁将棋指南、礼楽や能ほか諸芸の概要、北野天満宮縁起、「近江八景詩歌」、色紙短冊書法など。

口の中程からは頭書風の上欄が始まります。まず「和漢英傑名数」として、蜀漢三傑、義経十九臣など。日光から愛宕山までの霊山図。宮廷の家筋を記す「雲上要覧」。そして「太刀折紙」「目録」、算学初歩、季吟から宣長までの「近世地下三十六歌仙」、四季の料理献立などが並びます。

さらに、これらにつながるような記事が字海の頭書前半に掲げられます。たとえば、「本朝年代要覧」(「神祖第一國常立尊《くにのとこたちのみこと》」から「百二十二代今上皇帝」まで、約百三十丁)。そのあとに、手紙文例、証文雛形、「服忌令」「まじなひ調法記」「万病妙薬」などと。そして頭書後半に延々と続いて奥の部上段にまではみ出すのは、京、江戸、大坂の「寺院名籍一覧」(百五十余丁)。諸宗の本山や末寺がまさに充満の体。

奥の部は、世俗外とかかわる知識を伝えます。まず中核をなす情報は序で述べた「六十図」に。それから、奥の始まりのほうに「名乗字」、加えて「男女名頭相生字づくし」(通り名用、二百字余り)が。奥の奥には、「雑書鑑」と題して暦に出る日柄の吉凶や方選び指南(基本は星の位置による。例、「金神《こんじん》遊行日《ゆぎやうにち》」「破軍星くり様」)、そして人相指南も出ます。

これらをまとめて、私は、十八、十九世紀の節用集には、この世、あるいはあの世（含、過去、未来）にあらたまって向かうごとに、張りと慎みをくりかえしつつ暮らす、その形を保つ礼法の手引き、今でいうマニュアルが揃っていたこと、すなわち、工業化によって現代の人間が〝怖いもの知らずの力〟をつけて互いに制御困難となる前にあって、日本の文明化といえる歩みを支えていた書である、と語ったものです。節用集の使い手にもよりますが、概ね、その礼法がおもむく方向は二つあったと申せましょう。「より雅びに」（神々、宮廷、漢学、謡、歌などに執心）と、「より吉方に」（福寿を求む）と。雅びベクトルは、自国語りや図像表現にも覗えます。口絵には〝他国に無し〟とされた名所が掲げられます。*8

なお、大冊節用集類の扱われ方については本論後半で検討しますが、ここでは多くの家で〝宝物〟として大切にされていたと指摘しておきます。興味深いのは、所蔵家情報が地域ごとに広まっていたことです。例えば、「この近くでは、あの家とあの家は節用集を持っていた」（京都上京区）と。これは、節用集に頼った人々が所蔵家だけに留まらなかったことの余韻と言えます。

二

第二期は、おもに、一九九〇年代。大冊ものを代表しうる『永代節用無尽蔵』（以下『永代節用』と略す）を追うことに専念した時期です。その伝存各冊が示す使われ方の多様さを印象論で語るのではなく、①各冊の下小口手沢を一定条件下で写真に撮り、②その映像をスキャナーと電算機処理により濃淡分布の相としてグラフ表示し、③その形状を数理統計的に分類してみました。『永代節用』の元版は十八世紀半ばに出ますが（寛延三／一七五〇年の「旧板」を二年後に「改正」、『改正増補 万宝不求人永代節用大全無尽蔵』一六一丁）、大冊となっての主な版は天保版、嘉永版、文久版と三種（各一八三一、四九、六三年）、それぞれ付録構成に微妙な差があるものの、字海を挟んで口には主に世俗関係、奥には主に陰陽五行説（以下、略して「陰陽道」）関係という構成は変わらず、また各冊が使われた期間が多くの場合二、三世代と長く、以下に語る統計処理の手法により、使われ方の大まかな傾向、特徴を把握する目的に限るなら、あえてまとめての処理は可と判断しました。

この方法の思いつきが〝降って湧いた〟のが一九八八年二月、京都中京区の、かつて石田梅岩を支えた旧町年寄家を訪れていた時でした。この家は、さる大名家の分家筋にあたり、もとは大通りに面した呉服の大店でした。ご当主の昔語りに耳を傾けつつ、前に置かれた家蔵の節用集の下小口にふと目が留まりました。そこには、灰色の筋が数々、表紙の下端に並行に走る……ひとつひとつの長短、濃淡もさまざまに。それは手擦れの模様でした。

下小口の中ほどの部分は、目指す丁を繰り出す際には手指が触れず（下小口前寄り角の何丁かをまとめてつまみ上げるのが常）、開かれて読まれているあいだに限って、微かに摩耗や皮脂が残ります。つまり手垢、雅びに申せば手沢《しゅたく》が、歳月と共に筋状に蓄積されてゆくわけです。つまり、各丁の閲読頻度をこの部分の手沢が無言に伝えていたのです。当代によれば、この家は石門心学に則り、代々仏教を排して盆行事も無く、陰陽道も一切避けてきたとのこと。ところが、その節用集の下小口の中ほどの手沢は、奥の陰陽道にかかわる丁にも残っていました。

それから、下小口の筋紋の精確なデータ採集のために、「横山式下小口撮影台」[*9]を作成。これを使って、まず一九八八年夏に伊吹町史編集室での旧北国街道の商家旧蔵冊の撮影を皮切りに、約七年にわたり一四都府県を訪問、六六点の電算処理可能な映像を得ました。

これらの撮影に関する記録、書誌や旧蔵者、調査日などは、『京都大学人文科学研究所調査報告』三八号（一九九八年五月、以下『調査報告』と略す）の付録に掲げました。本文では、まず各冊の下小口中ほど（厳密には下小口の前端から背への全長を六等分し、前寄りの二分割分と背寄りの一分割分を除く全長の半分）をなす「特定中位下小口」の手沢の濃度分布のデータベースを構築する手法を論じました（ドラムスキャナーで特定中位下小口映像上の濃淡分布を、各丁下端が揃う横線と並行に五〇マイクロメートル四方の濃淡のドットの並びの濃度値、すなわち1から256までの範囲のいずれか、の総和として記憶させたもの）。つぎに、それを棒グラフに表し、さらに各グラフの形状差、すなわち相互の〝距離〟を、旧蔵家の生業や生活圏の情報を伏せ、ただ数理統計処理により分類する方法を語りました。[*10]

その結果、グループ分けの上で情報圧縮負荷の値が少ないものとして九類型分類を析出。そのうち、事例三点以上のもの（類型の特性を語りうる下限）、計六類型を次のように名付けました。まず字海部の使用頻度から、多筆・中筆・寡筆の三語を。そのあとに、現世向きか、雅び好みか、吉凶占いに執心かを示す言葉を添えました。事例数（以下、括弧内に表示）の多い順に、多筆崇雅型（24）、中筆喜仏（遊山）型（15）、中筆持占（順占）型（9）、多筆不占（疎占）型（6）、寡筆尚占（崇占）型（3）、多筆洒脱型（3）と[*11]〔図2〕。

意外な発見としては、何れの型も使用者の職種、階層、居住地域との相関は低いことでした。たと

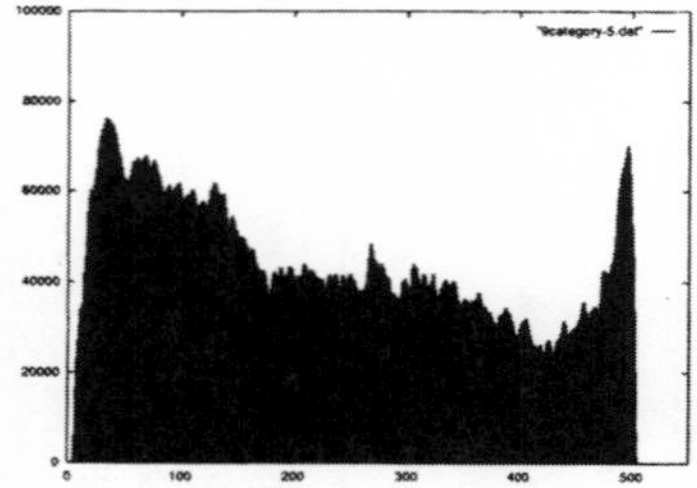

03. 57. 6. 7. 35. 8. 5. 34. 10. 36. 33. 9. 23. 11. 28. 29. 49. 50. 64. 4. 18. 20. 21. 63

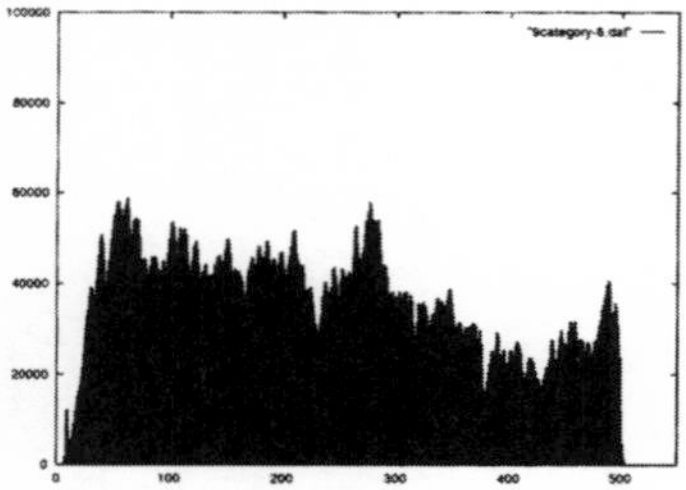

15. 17. 60. 16. 31. 38

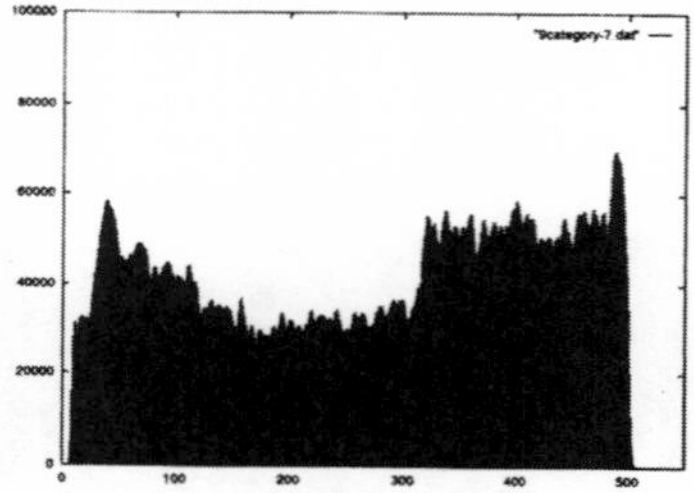

12. 56. 41. 53. 59. 26. 30. 55. 52. 65. 37. 25. 44. 42. 27

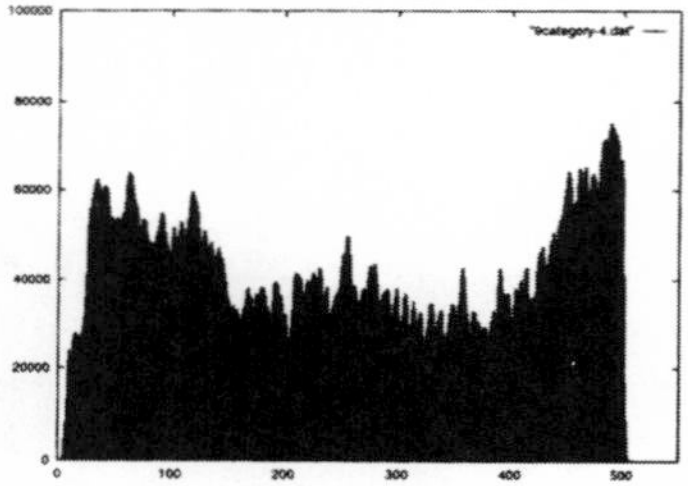

2. 19. 51. 46. 32. 47. 62. 66. 39

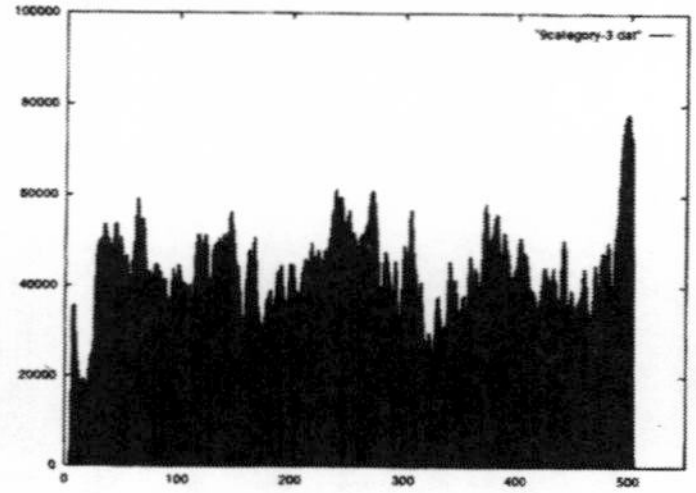

13. 22. 48

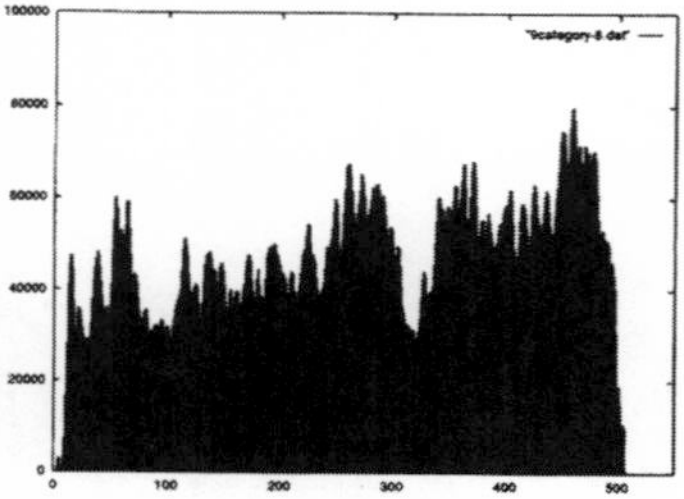

14. 43. 58

図２　『永代節用』天保、嘉永、文久各版、計 60 資料の特定中位下小口の手沢累積の６類型（事例数３未満を除く）。各棒グラフの左方４分の１が口部、右端が奥部。下段数字群は資料番号。
上段は多筆系──崇雅型（左）、疎占型（右）。中段は中筆系──遊山型（左）、順占型（右）。下段は析出資料少数のもの──寡筆崇占型（左）、多筆洒脱型（右）。

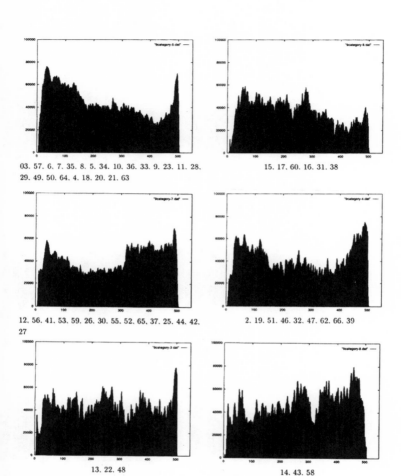

えば、数の上で目立った多筆崇雅型は最上級好み、歌仙や武勇者に憧れ、神仏の境地に至りたく、陰陽道とも広く付き合うと言えましょうか。例えば、宮廷清華家につらなる家、京建具職、近江八幡畳表問屋、加賀藩観世流太鼓方、仙台藩奥医などです。

次いで数が多かった中筆遊山型に納まるものは、寺院への関心の強さが際立ちます。それがあの世思いの参詣熱心からか、特定宗派への関心からか、遊山好みであった故かはある程度特定できます。〝上つ方〟への興味は控え目、自足をこととしたようです。また陰陽道の一部に実用上の関心を向けたことも明らかです。例えば、洛外吉田村の役方、米沢藩校など。なお、この型に納まるものには、旧蔵家を離れ図書館や個人収集家の所蔵となったものが多いのです。旧蔵者のものと覚しき「翠松亭」や「蘭亭」といった雅印が押されたものもあります。

九例が析出された中筆順占型は、奥の部では名乗字や花押吉凶、大雑書系の諸丁、口の部では、言葉の〝神通力〟に関わる故事を掲げた欄への関心が目を惹きます。この型には、宮廷水無瀬家につらなる家の家令を勤めた家、岡山藩池田文庫本、旧高知師範学校本が含まれます。六例析出の多筆粗占型は、奥の部への関心の薄さが特徴です。例えば、二本松藩士家、洛中本願寺檀那家などです。以下、三例のみが析出された類型の内、寡筆崇占型は奥の部の記述全般への関心が高いのが特徴です。佐渡の商家旧蔵の一冊も含まれます。逆に多筆洒脱型は奥の部の手沢は検出されず、年代記や特定の寺院や宗派への関心が認められます。例えば、二本松藩老職家や京都北区大宮の俳諧者旧蔵のものです。

なお、文明史の観点から注目されるのは、十九世紀半ば、一八三〇年代から六〇、七〇年代にかけては、これら六類型が、数の違いはあれ、いずれも他を圧倒することなく共存していたことです。[*12]

三

第三期は、個別事例にあらためて目を向ける時期です。右に述べたような電算機による数値化、画像情報類型析出から受ける先入見の揺さぶりという〝今様の風流〟から離れて。転機は、二〇〇三年二月でした。陰陽五行説への関心の薄さをとらえて電算機がひとまとまりにした「多筆洒脱型」三点の内、二本松藩老職家の『永代節用』を再精査したのです。結果、奥の部は、なんと、よく使われていたのです（六十図ほか、男女名頭相生、男女相性、懐胎身持鑑、観相、四季皇帝占）。下小口に出る奥の各丁の下端が、摩耗のため丈足らずになり、時に折れ込みもあって、写真撮影台に固定した際には小口の表面から隠れたのです。ということは、この洒脱型の特徴を論じることも、事例不足で不可能となります。この発見からの教訓は、写真画像の濃淡分布の電算機処理にはおのずと限界があり、常に冷静であれと。そこで考えたのは、二方向の展開でした——ひとつは、あえて「大まかな議論」をさらに進めてみること。いまひとつは、各冊の個性を下小口の目視記録をもとに再考することです。

（1）第一の方向。それは、樹状グラフによる近縁度の表示、すなわち一つの根から次第に枝分かれする分類表示で言えば、次の二段目の大グループ分けで留めてみることです。このデータ群で析出された二分類に注目しますと〔図3 樹状図『調査報告』p. 28〕、結果は、先述の濃度分布六類型中の、多筆崇雅型に近い形状のものと中筆遊山型に近いものが鮮やかに並立します〔図4 同上p. 37〕。これら大くくりの二系統を、《多筆崇雅系》と《中筆遊山系》と呼びましょう。両者の違いは、たしかに口の

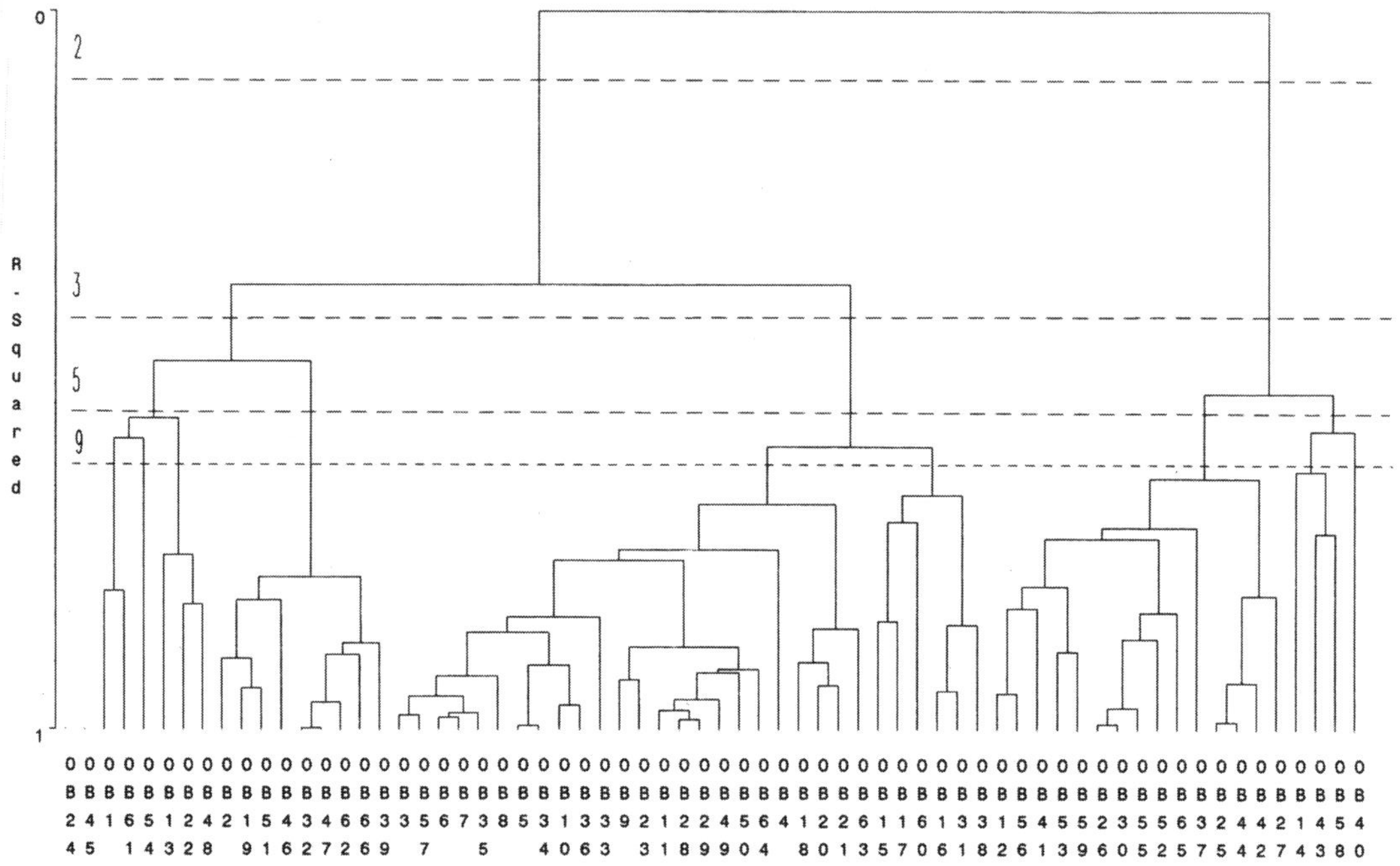

図３　『永代節用』66 資料の手沢累積態様の相互の〝距離〟を表す樹状グラフ（本論第二節 211 頁参照）。数字を付した破線は、析出類型数。破線間の距離の大小は、情報圧縮レベルを示す。

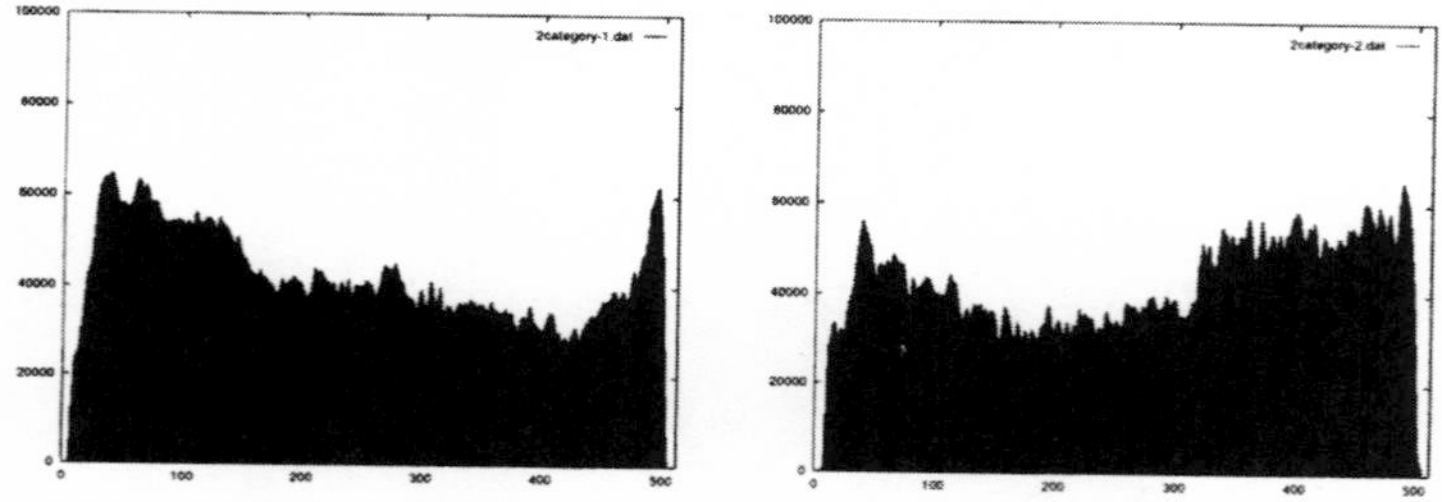

1. 61. 54. 13. 22. 48. 2. 19. 51. 46. 32. 47. 62. 66. 39. 3. 57. 6. 7. 35. 8. 5. 34. 10. 36. 33. 9. 23. 11. 28. 29. 49. 50. 64. 4. 18. 20. 21. 63. 15. 17. 60. 16. 31. 38

12. 56. 41. 53. 59. 26. 30. 55. 52. 65. 37. 25. 44. 42.27. 14. 43. 58. 40

図４　多筆崇雅系（左）と中筆遊山系（右）。下段の数字群は両系いずれかに収まった資料の番号。

部および字海の手沢の濃淡と、字海後半部の頭書、すなわち寺院一覧の部に強い手沢のまとまりが顕著であるか否かで差違が明らかです。ただし共通点としては、奥の部の手沢は双方共に〝あり〟と出ていることです。

(2)　つぎが、第二の方向。各冊の下小口手沢についての目視記録の精査です。目視によれば、たとえば複数の段構えで構成された丁の刷り面の場合、使用者がとくにどの段の記事に執心であったかも、各記事の配置がそれぞれ近いながらも、多くは別の丁に始まり終わるということから、詳しく突きとめることもできます。

この方法で得られた数々の知見の内、とくに注視したのは、両系いずれに入るものであれ、それが陰陽五行説に関わる奥の部に多少とも関心ありとあらためて認めえたことです。手沢は淡くとも、ある程度の使用が認められる事例も残さず数えれば、九〇数パーセントが奥を見ており、明らかな無関心は精査すれば稀少と。つまり〝陰陽道さきわう国〟の発見でした。その考えを、さらに確認することになったのが、一九九九年のケンブリッジ大学図書館でのアーネスト・サトウ旧蔵の『永代節用』（文久四年版）の精査、二〇〇三年の大英図書館でのアレグザンダー・フォン・ジーボルト（フィリップの長男）旧蔵の『永代節用』（嘉永二年版）の吟味でした。両者共に際立つ特徴は、奥の下小口に手沢は認められないという点でした。

また、第二の方向では、たとえば奥の下小口手沢がとくに濃い事例を子細に比べますと、多筆宗雅系はまんべんなく手沢が、つまり陰陽道一般への関心の跡があり、中筆遊山系は濃淡がまだらで、特定の関心から使われたことが覘えるという差はあること。これを、それぞれの口の部の下小口手沢と合わせて考えるに、昵神風《じつしん》か（神になりたがる。貝原益軒『神祇訓』が批判した風潮と呼応。陰陽道を長く伝える宮廷や、文武の〝神業〟の故事、あるいは能、謡といった神人相感の世界に心を寄せる。）、それとも敬神風か（神のまえで畏まる、祈る。）の差とも言えます。さらに昵神風で奥の手沢も僅かながら認めうる事例とそれらの所蔵家での聴き取り記録から見えてくるのは、例えば先に紹介した京都中京区の旧町年寄家や上京区西郊の本願寺檀家（真宗教理としては陰陽五行説を排す）の旧庄屋家のように、近所づきあいの必要から奥の丁も参照したとおぼしき例があるということです。

上の二方向から得られた知見を合わせての結論は、関心の度合いは多様ながら、陰陽道系の知識がひとびとを媒介し、あらたまって何かを実行するという時に、かかわる人々の暮らしに形を与えていたことの発見、といえそうです。それは使い手によって、もし、たとえば日柄や相性が凶と出れば、〝強い自制〟から〝付合い上の控え目ぶり〟まで、幅のある〝慎み〟を引き出しえた。他方、吉と出た場合には、それなりの気持ちの〝張り〟が当事者に共有されえた。そのような〝揺れのあるかたち〟を支えた手引書であった、と。

二〇〇五年夏、ウイーン大学で開かれたヨーロッパ日本研究協会（EAJS）の第十一回大会に招かれての基調講演では、右のような知見の一部を語りました。そのタイトルは「鰯の頭も信心」、副題は「日用百科書が工業化前の日本の文明持続に果たした役割について」というものでした。[*13] そのことわざどおり、時には他人や自分をも笑いながら、しかし否定するほどでもない振る舞いのかたちが成り立っていた社会――その雰囲気は十九世紀後半、諸外国からの日本訪問者による数々の庶民観察の断片的な記録や国際比較論が語る――を支えた書物の役割を論じたわけです。

なお、この第三期として語った調査や再検討の作業には、それと並行して進めた別の研究との呼応があったことも重要です。詳細は略しますが、陰陽道の手引き書、大雑書《おおざつしょ》の使用実態の調査です。大雑書とは節用集の奥の部「雑書鑑」の元をなした詳述書です。それへの関心は、節用集の所蔵家訪問のあいだに大雑書がいわば対をなしていたとの語りに遭遇することが多かったことから強まったのです。[*14]

また、一九九六年度から六年間にわたる久米島の上江洲家（琉球王朝期は王府の地頭代《じつでー》）の文書の解読、整理（科学研究費補助金、平成八―十、十一―十三年度 基盤研究（A）（1）／横山俊夫代表）の過程で、前近代の日選び慣行を調べるうち、日本の十八世紀の大雑書が浸透していたことも発見しました。それらの知見は、先述の〝陰陽道さきわう国〟の〝さきわい〟の実態について、さらに考える機会となりました。その過程で得られたのは、これらの指南書、手引書が現実に使われる時に社会に生ずる何らかの作用、変化のありようについての軽重さまざまなイメージでした。とくに、重いときはまことに重くなり得たのです。ここでは、大雑書が節用集とともにあって機能した例を三件だけ紹介しておきます。

まず、知多半島野間。もと尾張廻船の根拠地で後に東海銀行誕生の背景をなした所です。千石船八十艘。船主十軒。その中心であった家を一九八九年に訪問。聴けば、大雑書、節用集は陸上にいた「女の仕事」を支えた由。「男は船上暮らし」で代々養子。「気力、胆力、商才を観て選ぶ」と。海難が多く、女性の再婚は多かった由。同家蔵の十九世紀前半の大雑書では、「六十図」、「男女相性」、「旅立ち吉日」はじめ出行の日選び関係、十八世紀後半の節用集も「六十図」、「男女相性」の手沢が目立ちました。

同じ頃、吉野龍門の元庄屋家も訪れました。庭に梅の古木。十八世紀後半の大雑書と十九世紀前半の早引節用集と大雑書が残されていました。これらは明治末年まで当代の祖父（弘化生まれ）が使われていた由。周囲三方が山で耕作地に乏しく、凶作なら庄屋が年貢を立替える習いであったため、庄屋辞退を代官所に繰り返し願い出るも許されなかったとのこと。「祖父は相性の相談をよく受けていました。」「生まれ年、月、時での占いもしておりました」。当代は、祖父からの「ふたこと目には、タタリ、バチを耳にしてしつけられ」たとのこと。父は、その習いとは正反対の「福沢諭吉流」であられた由。

また、同じ一九八九年に京都中京区六角通の東端辺りにあった旧町年寄家も訪問しております。曾祖父が買われた文久四年版の『永代節用』を明治末年生まれの当代が、なんと、まだ使用中でした。「町内ではこの家だけにあります」と。父もよく使われ、「人には見せませなんだ」。奥の小口に黒い筋。当代の母が占いに熱心で関連の丁をよく見ておられた由。当代もまじないの札を、節用集に載る調法記を手本に作られると明かされた。大冊の奥の部では、「男女名頭相生字づくし」を使用人の名付けのため「よく見ました」。「相性のことは、縁談に限らず付き合いにも」。「出行日の吉凶も」、「大きな取引のときは日の勢いが大事ですさかい」。「大将軍さんはえらいこわい神さんで……」などと。話しが一段落した時、当代の夫人が別室から「占い専門の本」を運ばれ、私に見せられた。中冊の大雑書でした。「これは、こわい本どすえ」と真顔であったのが印象に残ります。

なお別に、節用集は伝存せず、大雑書が幅をきかせた例も添えます。和歌山県伊都の旧高野山領花園村のかつての庄屋家に十九世紀前半の中冊の大雑書が。聴けば「使こうたのはひいじいさんまで」とのこと。一見して、病気占いの丁の摩耗甚だしく、墨で上書きも。たとえば、「やまひ善悪の事……巳の日の病は男はかろし、女は重し、山の神のとがめあり、氏神のたたりもあり、みなみの方の女の呪いのつみなり、九日すぎて少しよし」と。聞けば近くに医者はなく、高野山まで医者を呼びに駕籠を仕立てるかどうかは、これらの占いによったと。この一帯では、大雑書は時に人の命に関わる書物であったのです。

跋

さて「跋」とは申せ、現時点、つまり二〇〇五年ウイーンでの「鰯の頭も信心」と題した講演から十数年を経た今、気に懸かっていることを話して、ゆるい結びといたします。

それは、節用集や大雑書が使われる〝瞬間〟への興味です。先に申したように、陰陽道風の占いは、十八世紀半ばにはかなり多くの人が、あるいはそれ以前の世でも、たとえば十七世紀末に世に出た『西鶴織留』の読者も含め、ある程度の数の人は、笑いながら付き合ったもの。しかし、その見立てが急に重くなる時もありえたのです。多くは、当事者や取り巻く共同体も含めての現象であり、そこでは暮らしや命の形にかかわる何かが決まる――いわば、緩さと怖さとが紙一重の世界――それが見えてきています。きっかけは、『新陰陽道叢書』刊行への参加でした。*15 また、二〇二二年七月の比較文明学会関西支部で、「日選びがもたらすアヤ（文）とカガヤキ（明）」と題して語ったことも、その緩急の振幅を考える機会となりました。*16

まず、『永代節用』の紙面そのものに、緩さが籠められることもあった点について。多くは目につかないのですが、たとえば、「小笠原流諸礼之式」を図示した丁の下段の解説。「途中にて貴人《きにん》あるひハ主人なるに行合とき、礼をなすに両手を我足《わがあし》の甲に下《さげ》て指をつけ黙《うつむ》きて礼を為すべし。これ本式なり」と。また、「鼻をかむ事同じくハ次の間へたつてかむべし」としつつ、「若《もし》立たれざる時ハ下座へむかひ」、「はな音」は低、高、低三度にと指南します。筆者が傍点を付けたくだりに〝どちらかと言えば〟の含みがにじみます。また、男女相性について、木性の男と水性の女は「大吉」「富貴にして無病長命也」に始まり、水性の男と土性の女は「大凶」「身上とゝのひがたし」まで二十五組の吉凶を述べたあと、「相生相尅ハ理をもつて判断し前々よりいひ伝ふ所なり」と通説である旨を延べ、「しかれども生尅比和ともに……節をもつてするときハ皆吉なり」と補っています。

また、大雑書についても、「大明日《だいみやうにち》」という吉日が微増していることが注目されます。暦には日ごとのさまざまな障りが暦注に掲げられますが、それらが一切「寛容」の扱いとなる吉日です（暦下段日並の吉凶／「せいめい（安倍晴明）か（が）さい（最）上のよき日をせんして」「万事かんようなり」寛永九／一六三二年版）。大雑書以前では、たとえば十六世紀半ばの『運歩色葉集』（天文十七／一五四八年成）では二〇干支日であったものが、大雑書が出た十七世紀前半には三三干支日、十九世紀半ばの大冊大雑書では三四日に。もとは三日に一度であったものが二日に一度を越すほど頻度を高めています。なお、大陸の「大明吉日」は明末十六世紀の暦書『玉匣記』に登場して広まりますが、あくまで数ある吉注のひとつで、他の凶注を打ち消す力は無かったようです。

ついで、節用集や大雑書の周縁にあった書物も見ておきます。まずは、もじり咄で。増井豹恵の『節用滅法海』（享和二／一八〇二年）が語る。「途中にて鼻をかむには、まづ右の手の中ゆびにて右の鼻をおさへてプンと向へ一間程とは（飛）す……其跡……鼻の付たゆひ（指）をあたまへねじくる也」と。正統に対する異端といった構えはなく、相手を立てつつ、ざれて血の巡りをよくするねらいでしょうか。

また、当事者に微笑や苦笑が浮かんだ瞬間をとらえたものが、八木敬一氏収集の雑俳に残ります。「節用でちぎれちぎれのしつけがた」（『川柳評万句合』宝暦十／一七六〇年松・二／「さまざまなこと」への前句付）。笑い、笑われながらも続く世を活写したひとこま。

さて、以上は書物からの示唆。つぎに節用集、大雑書の所蔵家で目に留め、あるいは耳にしたことがらをあらためてとりあげ、笑いや拡張解釈があってもなお持続した姿を確認しておきます。――「他家貸出し禁」（後表紙に墨書。この事例は多い。京都上京区の某家では、家蔵節用集が縁者により私物化されていたことを咎め、奪還に至った経緯まで特筆）。「大正時代に自転車がほしくて節用集と交換しました」。「家が没落し、墓石と節用集のみが残りました」（以上、福島郡山市内）。一般に大冊節用集は、多くの人にとって〝宝物〟であったことの実感を追体験する必要がありそうです。持ち主が保管用に杉の柾目の箱を誂えたり（京都上京区）、装幀を縹《はなだ》色の蜀江錦の替表紙にしたり（旧蔵者不明）、書肆が節用集新本を巻いたと覚しき松鶴図の帯を活かして帙装したりしております（旧蔵者不明、牧野文庫蔵）。また、節用集や大雑書がそれを所蔵した家のどこに置かれていたかも重要です。さる公家の家令を務めた家では、明治以降は主人の文机にいつも大言海とともに「べたーっと」置かれ、「子どもにはさわらせなんだ」と（京都上京区）。西表島干立の大雑書は、仏壇に紙に包んで置かれ、使用は塩で手を浄めた後に、とのことでした。

そして、ここに及んであらためて眺めたいのが、とくに大冊節用集の口絵や奥の大尾に刷られた吉祥図（竜虎、牡丹、麒麟、鶴亀、尉と姥など）です。それらの配置の意味、文字情報との組合せを読み解くことも課題です。

□

なお、節用集や大雑書が使われる瞬間への関心を「跋」で語りだしたのは、本論の「序」で語った、漢字で語られる「文明」の語が伝えうる、天地と文《あや》なして光明をたたえる世という理念へのこだわりからです。たとえば、先に触れた大明日という暦注の使われかたの諸相がわかれば、その文明化とのつながりも語れるかも知れません。ただ、限りなく多様であったはずの実態をうかがうには〝時遅し〟の感も。ちなみに、一紙両面刷りを折り畳んだ携帯用雑書類が十八世紀半ばから刊行されており、姫路の橋本萬平氏の文庫や国立国会図書館の新城文庫に数々収集されています。その限られた紙面が許すごく少数の吉日の中に「大明日」を掲げているかどうかと言えば、常にそうであったわけではないのです。詳細の検討はこれからの課題です。ここでは、「大明日」との付き合い方を伝える事例をひとつだけ掲げておきます。奄美大島大和村に伝わった『日柄抜』の冒頭にある大明日について、この文書を翻刻された民俗学者の田畑千秋氏が、その一冊を仕立てられた川端源良翁（一八九五―一九六四年）のつぎのような言葉を記録されています（一族からの伝聞）。「「カンゼンナ　ヒガラチュームンナ　ネンカナン　テーゲェ　ヒガラヌ　ワルサティン　ダヰミョーニチヌ　ウサユンカナン　カマワン（完全な日柄というものはないので、少し日柄が悪くても、大明日が押えるからかまわぬ）」」と。[*17]

このような、あれこれの悪日の暦注を押える大明日頼みの明るさ、文字通り〝大いに明〟なる姿勢に触れますと、先述の京都中京区六角通東端辺りの旧町年寄家の主の、「日の勢い」についての次の言葉が思い出されます。「ざっとみときます。あまり気にせんよう。わるいことがあったら、あとでしらべて、そうやったか、と。つぎには、キュット押さえて……」。節用集の精読を重ね、活用してこられた人の、意外なおおらかさに驚いたものです。

以上述べたことで、節用集、大雑書が、笑いがあっても青ざめる瞬間もひき出す媒体、あるいは逆に、青ざめても笑いある瞬間を引き出す媒体であったことがある程度うかがえます。そこで付け加えたいのは、その媒介力の発揮には、使い手に〝神通力〟や〝人徳〟があることを、周囲が認めているかどうかが肝要ではなかったかということです。既述の花園村を案内してくださった民俗研究家の尾上角兵衛氏は、病気その他の占いで、村人に慕われていた女性の思い出を語られた。大雑書の病占の丁を手写した小冊も使って居られた由。その使い古された実物が紀ノ川沿いの縁者の家の仏壇の抽斗に納まっていました。「観音さん」の信仰厚き人であった由。「占いの根源は神さんじゃ」と尾上氏。それを思い出しての今の私の思いは、神通力が出そうな自分を遠くから眺める視野がそなわれば、なおおおらかにアヤをなせるか、と。

このような広義の礼儀作法の手引きをなす書物が、頼られたり笑われたり、時に崇められたりしつつ、ともかく通用し、ある種〝緩やかな了解にもとづく自由〟をもたらし、持続し得た社会とは――その全貌が見え、適切な言葉で国内外へ伝えられるなら、これからの地球規模のあらたな「文明」構築に示唆をもたらすかもしれません。多層高速の情報処理技術が期せずして生み出す新たな不安と禁忌は数を増しています。個人情報の地球規模での〝筒抜け〟が生み出す自縄自縛も。先端生命科学が警告する災厄はつねに確率で語られるものの、人々が行動を止めるかどうかの選択とは距離がありま す。現代社会の暮らしに、新たな行事暦や相性論の導入を考える時ではないでしょうか――かつての、よろず寛容としつつも、他の暦注を暦から抹消するまでには至らなかった「大明日」のように、〝緩やかな了解を共有する〟なら、それも今様の知恵かもしれません。

結びにあたり、本日の題「いかめしく節用を繰る名付親」を思い出してください。人々の顔がやや鮮やかに見え始めますなら幸いです。

（二〇二二年十月十日）

注

1　作者は錦糸。岡田甫校訂『俳風 柳多留全集』十二の内、百五十一篇所収／一八三〇年代末。八木敬一氏のご教示に謝す。

2　この集まりの呼称は、財団法人谷口工業奨励会四十五周年記念財団の支援を受けたことによる。当時の理事長谷口豊三郎氏に謝意を表したい。

3　この報告は、梅棹忠夫・石毛直道共編『近代日本の文明学』中央公論社、一九八四年に収録。英文では、*Senri Ethnological Studies*. No. 16 (1984), pp. 17-36. に掲載。

4　横山俊夫「梅棹文明学私見」、『梅棹忠夫著作集』第七巻月報、一九九〇年八月、六―八頁を参照。

5　下記頁を参照。Toshio Yokoyama, 'In Quest of Civility: Conspicuous Uses of Household Encyclopedias in Nineteenth-Century Japan,' *Zinbun*, No.34 (1), Kyoto, 1999, p. 199. この議論は、オックスフォード大学ペンブローク学寮フェロー Dr. I. J. McMullen との対話に始まる。同氏への謝意を表したい。

6　刊行された版の数は、佐藤貴裕氏によれば、十六世紀末から幕末までに六四一に至る。その数え方と書名一覧については、佐藤貴裕『近世節用集史の研究』武蔵野書院、二〇一九年所収、「付録　近世節用集一覧」参照。四一三―四三〇頁。

7　林屋辰三郎「『節用集』の世界」、『天理図書館 善本叢書』月報五三、一九八三年一月。古本節用集の使われ方への関心は、国語学の安田 章氏の研究、すなわち和漢連歌のような韻事のための語彙の多さの指摘とも重なる。同氏「辞書の復権」、『国語国文』第五十巻（一九八一年）第六号、一―十五頁。

8　横山俊夫「〝文明人〟の視覚」、同編『視覚の一九世紀』思文閣出版、一九九二年、四三―五〇頁参照。また、横山俊夫「雅にふく風・吉方にむく風――節用集・大雑書の世界」『武庫川女子大学生活美学研究所紀要』第四号（一九九四年）、二五―二九頁。

9　一定照明下でのブローニュ版カラー撮影用。組み立て式機材一式。横山俊夫「手垢相をみる」、（財）国際高等研究所『こうとうけん』第十冊、一九九五年、一〇頁参照。機材制作には、稲盛財団の研究費助成および清水光藝社の清水実氏のご支援があったことに謝意を表したい。

10　なお、これらの作業に至るプログラム開発関係の報告は、横山俊夫「日用百科型節用集の計量化分析法について」、『人文学報』第六六号、一九九〇年、一七七―二〇二頁。また、横山俊夫、小島三弘、杉田繁治「画像処理による節用集（日用百科書）の使用実態の分析」、『情報処理学会研究報告』（CH-92-45）、一九九二年、三七―四四頁を参照。国立民族学博物館のドラムスキャナーおよび大型電算機器の操作、およびその過程での各資料データの相互比較に必須の補正作業（例、下小口に墨書や墨痕がある場合の濃度調整）は、情報処理技術者の積健一氏のご尽力で進められた。記して謝意を表したい。

11　名付けは『人文科学研究のフロンティア――京都大学人文科学研究所要覧二〇〇一年』二〇〇二年三月刊で公表。以後数年間で微修訂――括弧内は現行名称。名付けには、小南一郎氏から示唆をいただいた。記して謝意を表したい。

12　横山俊夫「激動期のなかの日用百科」、横山俊夫、藤井譲治、遊磨正秀、川那部浩哉編『安定社会の総合研究――ことがゆらぐ・もどる／なかだちをめぐって』京都ゼミナールハウス、一九九八年、一六九―一七七頁。

13　'Even a sardine's head becomes holy: the role of household encyclopedias in sustaining civilisation in pre-industrial Japan.' この講演原稿は補訂の上、京都大学地球環境学堂英文国際誌に掲載。*Sansai*, No.1, 2006, pp.41-57.

14　横山俊夫「大雑書考――多神世界の媒介」、『人文学報』第八六号、二〇〇二年、二五―七九頁参照。

15　名著出版、二〇二一年。「久米島具志川の日選び」と題する論文を、この叢書の第四巻「民俗・説話」に。一九九九年の科学研究費補助金報告論文を、再調査をふまえ改稿。

16　要旨は『比較文明学会会報』第七八号、二〇二三年、八頁。
17　田畑千秋『奄美の暮しと儀礼』第一書房、一九九二年、二九三頁。

付録　公開シンポジウム　テーマ・リスト　第一―三一回

0　一九九一年（第一回）テーマ「西洋と東洋とを越えて――西田哲学とハイデッガー哲学の思惟より」

上田閑照「自覚と場所――西田哲学より」
ハルトムート・ブフナー「ハイデッガーにおける西洋の概念の転換」

1　第二回―第五回の連続テーマ「自然」（一九九二―一九九五年）

第二回　文学・宗教・哲学の視点から

芦津丈夫「ゲーテの自然」
大峯顯「親鸞における自然」
加藤尚武「自然哲学と現代」

第三回　精神病理学の視点から

木村敏「精神分裂病における自己と自然さの障害」
ブランケンブルク「精神病理学的観点からみた自然さと不自然さ」

第四回　芸術の視点から
大橋良介「雪舟とヨーロッパ」
高階秀爾「美術に見る東西の自然観」
ペゲラー「自然と芸術――クレーと東アジア」

第五回　自然科学の視点から
エンゲルハルト「自然科学と哲学」

2　第六回―第九回の連続テーマ「生命」（一九九六―一九九九年）

第六回　生命と自己
中村桂子「自己創出する生命」
川原栄峰「ハイデッガーの動物論」

第七回　生と死
ミヒャエル・トイニッセン「生と時間」
坂部恵「生と死のあわい」

第八回　感覚の哲学
上山安敏「時代現象としての感覚」

中村雄二郎「感覚と生命」

第九回　生命――創作の秘密

神林恒道「彫刻になにをみるか」

柴田翔「宇宙の生命の祝祭」

3　第一〇回―第一四回の連続テーマ「歴史」（二〇〇〇―二〇〇四年）

第一〇回　歴史のはじめと文字

白川静「〈歴史〉のはじめ」

小田淑子「イスラーム的観点から見た白川学」

第一一回　歴史のはじめ――生命論的・宇宙論的立場から

日高敏隆「〈生命の歴史〉なるもの」

松井孝典「自然という古文書」

第一二回　近代の諸相と射程

川勝平太「真・善・美と近代文明」、

村上陽一郎「ホイッグ史観を超えて」

第一三回　今よみがえるゲーテ時代の歴史観

小田部胤久「芸術について歴史的に語ること」

高橋義人「「大きな歴史」か「小さな歴史」か」

第一四回　歴史の理念・歴史の語り

野家啓一「歴史認識と歴史叙述」

今道友信「理念と歴史――カントの現代的意義」

4　第一五回―第一八回の連続テーマ「時間」（二〇〇五―二〇〇八年）

第一五回　自然の時間

佐藤文隆「構造と推測――相対論と量子力学の時間」

伊藤邦武「有限の時間と無限の時間――哲学的宇宙論の観点から」

第一六回　生命の時間

本川達雄「生命の時間」

木村敏「自己・生命・時間」

第一七回　祭りの時間

中村生雄「神の時間と死者の時間」

高橋義人「祭り――刻印された集団記憶」

第一八回　歴史の時間

上村忠男「歴史を開く」

大橋良介「時間の諸次元――とりわけ歴史時間について」

5　第一九回―第二二回の連続テーマ「生と死」（二〇〇九―二〇一三年）

第一九回　宗教の観点から

八木誠一「ロゴスと生命（ゾーエー）」

鎌田東二「神道の生死観」

第二〇回　哲学の観点から

佐藤康邦「カント、ヘーゲル研究と死生観」

谷　徹「あたわざる死」

第二一回　技術の観点から

鷲田清一「死なれるということ」

秋富克哉「死を死として能くすること――ハイデッガーの技術論をもとに」

第二二回　医学の観点から

中井吉英「一臨床医の生死観」

丸橋裕「生命のうちなる死――V・v・ヴァイツゼカーの〈医学的人間学〉の可能性」

6　第二三回―第二六回の連続テーマ「ことば」（二〇一三―二〇一六年）

第二三回　「言葉」の宇宙

小川暁夫「〝Es《エス》〟の宇宙――言い得ないものが言葉になるとき」

高橋輝暁「言葉が宇宙を創造する――はじめにことばありきの国と言霊の幸はふ国」

第二四回　言葉の宗教的深層

大峯顯「仏についての言葉と仏である言葉」

芦名定道「キリスト教思想と宗教言語――象徴・隠喩・テキスト」

第二五回　翻訳としての「言葉」

初宿正典「《翻訳文化としての法律学》閑話」

貫成人「踊りを翻訳する――バレエと暗黒舞踏の例から」

第二六回　言葉の襞

長谷川郁夫「言葉の襞　I」

中沢けい「言葉の襞 II」
対談　長谷川郁夫×中沢けい「言語の身体性をめぐって」

7　第二七回–第三〇回の連続テーマ「文明」（二〇一七～二〇二二年）

第二七回　文明の起点——宇宙進化と生物進化の視野からの提言
松井孝典「文明は見えない世界がつくる」
湯本貴和「ヒトは生態系の破壊者か創造者か」

第二八回　文明の生成パラダイム——〈海〉と〈法〉からの視点
川勝平太「近代文明の生成と海」
髙山佳奈子「持続可能な法秩序の構築」

第二九回　文明と芸術／美術——古代ギリシア・ローマ世界とイスラーム世界
芳賀京子「古代ギリシア・ローマ美術　神々と人の姿」
桝屋友子「イスラーム美術　宗教が生み出した美の世界」

第三〇回　文明論之機略縦横《ぶんめいろんのきりゃくじゅうおう》
横山俊夫「いかめしく節用を繰る名付親——〝節用の日本文明〟再考」
松村圭一郎「野蛮と文明の所有論」

8　第三一回からの連続テーマ「世界」（二〇二三年―）

第三一回　宇宙科学の世界像と仏教的世界観

佐藤勝彦「宇宙の始まり――進む初期宇宙の観測と残された謎」

佐々木閑「仏教の世界観――時間論と因果則」

方法、内容』（De Gruyter）ほか。（日独文化研究所理事）

芳賀京子　*Kyoko Sengoku-Haga*　1968年生まれ。東京大学大学院人文社会系研究科教授。専門は古代ギリシア・ローマ美術史。著書に『ロドス島の古代彫刻』（中央公論美術出版）、共著書『西洋美術の歴史1　古代　ギリシアとローマ、美の曙光』（中央公論新社）、共訳書にエリカ・ジーモン『ギリシア陶器』（中央公論美術出版）ほか。

桝屋友子　*Tomoko Masuya*　1961年生まれ。東京大学東洋文化研究所教授。専門はイスラーム美術史。著書『イスラームの写本絵画』（名古屋大学出版会）、『すぐわかるイスラームの美術――建築・写本芸術・工芸』（東京美術）。監修書に真道洋子著『イスラーム・ガラス』（名古屋大学出版会）、フェアチャイルド・ラッグルズ著、木村高子訳『図説イスラーム庭園』（原書房）、訳書にジョナサン・ブルーム／シーラ・ブレア著『岩波　世界の美術　イスラーム美術』（岩波書店）。

横山俊夫　*Toshio Yokoyama*　1947年生まれ。京都大学名誉教授。静岡文化芸術大学理事長 兼 学長。オックスフォード大学哲学博士。京都大学人文科学研究所教授。同 大学院地球環境学堂教授 兼 三才学林長。テュービンゲン大学客員教授。オックスフォード大学客員講師。主な著作に、*Japan in the Victorian Mind*（単著、London: The Macmillan Press)、『貝原益軒――天地和楽の文明学』（編著、平凡社）、『ことばの力――あらたな文明を求めて』（編著、京都大学学術出版会）ほか。

執筆者一覧（掲載順、2024年 3月30日現在）

松井孝典　*Takafumi Matsui*　1946年生まれ。東京大学理学部卒、同大学院理学系研究科博士課程修了。理学博士。東京大学大学院新領域創成科学研究科教授を経て、千葉工業大学常務理事、同大学惑星探査研究センター所長、および地球学研究センター所長、同大学学長、東京大学名誉教授。政府の宇宙政策委員会委員長代理、岐阜かかみがはら航空宇宙博物館館長兼理事長、静岡文化芸術大学理事など。比較惑星学、アストロバイオロジー、文明論。2023年 3月逝去。日本気象学会堀内基金奨励賞（1988年）、マザーズ・フォレスト賞（1997年）、第61回毎日出版文化賞（2007年）、日本地球惑星科学連合フェロー（2014年）。『文明は〈見えない世界〉がつくる』（岩波新書）、『我関わる、ゆえに我あり ―― 地球システム論と文明』（集英社新書）、『生命はどこから来たのか？ ―― アストロバイオロジー入門』（文春新書）、『地球システムの崩壊』（新潮選書）ほか。

湯本貴和　*Takakazu Yumoto*　1959年生まれ。京都大学大学院理学研究科博士課程修了、理学博士。京都大学名誉教授、元京都大学霊長類研究所所長。生態学。『屋久島 ―― 巨木と水の島の生態学』（講談社ブルーバックス）、『熱帯雨林』（岩波新書）ほか。

川勝平太　*Heita Kawakatsu*　1948年生まれ。早稲田大学大学院経済学研究科博士課程修了。D. Phil.（オックスフォード大学）。早稲田大学政治経済学部教授、国際日本文化研究センター教授、静岡文化芸術大学学長を経て、現在、静岡県知事。経済学、比較経済史・比較文明史。『日本文明と近代西洋 ――「鎖国」再考』（ＮＨＫ出版）、『文明の海洋史観』（中央公論社）、『近代文明の誕生 ―― 通説に挑む知の冒険』（日経ビジネス人文庫）。編著『日本の中の地球史』（ウェッジ）、共著『ベルク「風土学」とは何か』（藤原書店）ほか。

松村圭一郎　*Keiichiro Matsumura*　岡山大学文学部准教授。専門は文化人類学。所有と分配、海外出稼ぎ、市場と国家の関係などについて研究。著書に『所有と分配の人類学』（世界思想社）、『うしろめたさの人類学』（ミシマ社）、『くらしのアナキズム』（ミシマ社）、『はみだしの人類学』（NHK 出版）、『小さき者たちの』（ミシマ社）、『旋回する人類学』（講談社）など、共編著に『文化人類学の思考法』（世界思想社）、『働くことの人類学』（黒鳥社）がある。

髙山佳奈子　*Kanako Takayama*　1968年生まれ。東京大学法学部卒、同大学院法学政治学研究科修士課程修了。現在、京都大学大学院法学研究科教授。ジーボルト賞受賞。刑事法。『故意と違法性の意識』（有斐閣）、共編著『法の同化 ―― その基礎、

二十一世紀「文明論」の新機略──縦横に──

2024年3月30日　初版第1刷発行

編集・発行　公益財団法人　日独文化研究所
〒606-8305　京都市左京区吉田河原町19-3

装丁　岩瀬聡

制作・発売　株式会社　現代思潮新社
〒112-0013　東京都文京区音羽2-5-11-101
電話03(5981)9214　FAX03(5981)9215
振替00110-0-72442　E-mail : pb@gendaishicho.co.jp

落丁・乱丁本はおとりかえいたします。

Printed in Japan. ISBN978-4-329-10017-7
定価はカバーに表示してあります。